AF609382

DESSINS ANCIENS

DE L'ÉCOLE FRANÇAISE

CONDITIONS DE LA VENTE

Elle sera faite au comptant.

Les adjudicataires payeront *cinq pour cent* en sus des enchères.

ORDRE DES VACATIONS

Lundi 16 Avril. . . . . N° 1 à 169
Mardi 17 Avril. . . . . N° 170 à 354

PARIS. — IMPRIMERIE DE L'ART, J. ROUAM, 41, RUE DE LA VICTOIRE.

CATALOGUE

D'UNE SUPERBE COLLECTION

DE

DESSINS ANCIENS

DE L'ÉCOLE FRANÇAISE

PAR

Baudouin, Boucher, Carême, Carmontelle, Charlier, Choffard
Clouet (Janet), Cochin, Delafosse, Desrais, Dumonstier, Eisen, Fragonard
Freudeberg, Goya, Gravelot, Hubert-Robert
Isabey, Lavreince, Lemoine, Mallet, L. Moreau et J. M. Moreau le jeune, Oudry
Portail, Rowlandson, Gabriel et Augustin de Saint-Aubin
Swebach-Desfontaines, Tiepolo, Toro, Trinquesse, C. Vernet
Watteau, etc.

DONT LA VENTE AUX ENCHÈRES PUBLIQUES AURA LIEU

HOTEL DROUOT, SALLE N° 3

Les Lundi 16 et Mardi 17 Avril 1883

A DEUX HEURES PRÉCISES

COMMISSAIRES-PRISEURS

Mᵉ MAURICE DELESTRE	**Mᵉ PAUL CHEVALLIER**
27, rue Drouot, 27	Successeur de Mᵉ CHARLES PILLET
PARIS	10, rue de la Grange-Batelière, 10

EXPERT

M. CLEMENT

MARCHAND D'ESTAMPES DE LA BIBLIOTHÈQUE NATIONALE

3, rue des Saints-Pères, 3

EXPOSITIONS

PARTICULIÈRE	PUBLIQUE
Le Samedi 14 Avril 1883	Le Dimanche 15 Avril 1883
DE 2 HEURES A 5 HEURES	DE 2 HEURES A 5 HEURES

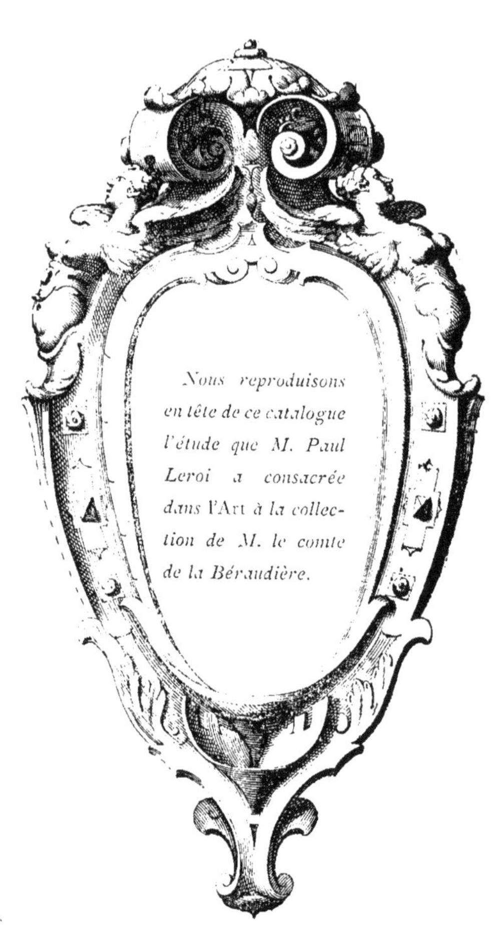

Nous reproduisons en tête de ce catalogue l'étude que M. Paul Leroi a consacrée dans l'Art à la collection de M. le comte de la Béraudière.

C'ÉTAIT à la veille de me rendre en Italie ; en sortant du Louvre, où j'étais allé voir, dans l'atelier de M. Briotet, la restauration des *Bergers d'Arcadie* du Poussin, que l'on a débarrassés de Dieu sait combien de couches encrassées de vernis séculaire, j'eus l'heureuse inspiration de traverser la Seine pour bouquiner sur les quais, et la pensée bien meilleure encore de faire un crochet vers la rue des Saints-Pères. J'entrai chez M. Clement, le savant expert, le marchand d'Estampes de la Bibliothèque Nationale, titre qui, seul, suffirait à justifier sa si légitime réputation. Il était absent, mais son représentant, qui est l'obligeance même, mit tout plein de bonne grâce à me laisser fureter dans les portefeuilles des belles ventes en préparation. Je m'extasiais devant maints morceaux de choix, les Cauvet de la collection Lefèvre, entre autres, lorsque je l'entendis parler d'une réunion aussi nombreuse qu'exceptionnelle de dessins en grande majorité de l'école française, qui serait dispersée aux enchères dans le courant du mois d'avril. Au nom du collectionneur, j'abandonnai soudain les cartons qui venaient de me séduire, pour obtenir de voir les siens. C'est qu'il s'agissait de l'homme de France qui est notre maître à tous en matière de goût, le juge le plus sûr, le plus fin, le plus raffiné, celui-là même que j'ai, en tant d'occasions, présenté aux lecteurs de *l'Art* comme le dépositaire des plus pures, des plus élégantes, des plus charmantes traditions et aussi des plus sévères, comme le prototype du Curieux dont le sérieux savoir qui ne connaîtra jamais le pédantisme, est au service du flair le plus délicat, le flair, cette qualité maîtresse, ce don par excellence sans lequel il n'est point de vrai Curieux.

M. le comte Jacques de la Béraudière se séparait de ses dessins, d'une de ses magnifiques collections de dessins, pour parler plus exactement. Vente pour cause d'encombrement de richesses, car jamais amateur n'a rassemblé plus intelligemment des séries plus variées d'objets d'art et de curiosité en tous genres, pourchassés, conquis avec la plus enthousiaste patience, patience qui date de bien longues années. Ne remonte-t-elle pas à l'adolescence même de cet amateur émérite dont les persévérantes poursuites ne se sont pas démenties un seul jour et qui, fidèle aux goûts de ses jeunes années, a vu grandir sans cesse avec l'âge son fanatisme éclairé pour les merveilleux trésors d'art du passé?

Cadres et cartons ont successivement défilé sous mes yeux, cinq ou six cents dessins, au bas mot, et pas un seul morceau vulgaire; rien, absolument rien à écarter comme indigne; une vraie collection triée sur le volet, formant le plus excellent ensemble d'où se détachent, en gerbes abondantes, des œuvres *di primo cartello* et depuis longtemps célèbres pour avoir inspiré les principaux graveurs du siècle dernier.

C'est Jean-Georges Wille, avec le dessin qu'il exécuta d'après ce fort beau *Portrait du Marquis de Marigny*, un Tocqué absolument excellent que le comte de Rosebery conquit l'an dernier à la vente de *Hamilton Palace*; c'est pour sa gravure, une admirable estampe, que Wille dessina cette sanguine, objet de tous ses soins. « M. le marquis de Marigni, accompagné de M. Cochin, me vint voir, dit-il dans son *Journal* qu'a publié M. Georges Duplessis. Il étoit très content de trouver son portrait, que je grave pour ma réception à l'Académie, fort avancé [1]. »

C'est l'*Arrivée sur le territoire suisse de la princesse Marie-Thérèse-Charlotte, le 26 décembre 1795*, lavis de bistre de Chodowiecki qu'a médiocrement gravé le Hollandais Reinier Vinkeles pour les *Tableaux de la Révolution ;* c'est ce portrait de *Mademoiselle Clairon*, représentée par Ch. N. Cochin, servant de modèle aux jeunes artistes dans un concours pour le prix de l'expression, fondé à l'Académie royale de Peinture par le comte de Caylus, dessin capital dont Jean-Jacques Flipart a fait une si jolie pièce in-4° en largeur, Flipart, ce « graveur de premier ordre, qui, loin de se traîner dans les sentiers battus et d'interpréter toujours de même sorte des artistes très différents, a cherché à se rapprocher de la manière de ses modèles et à s'identifier avec eux », ainsi que l'ont excellemment jugé le baron Roger Portalis et M. Henri Béraldi dans leurs *Graveurs du dix-*

1. *Mémoires et Journal de J. G. Wille, graveur du roi*, publiés d'après les manuscrits autographes de la Bibliothèque impériale, par Georges Duplessis, avec une Préface par Edmond et Jules de Goncourt. Paris, veuve Jules Renouard, 5, rue de Tournon, 1857. Deux volumes in-8°. Tome Ier, page 159.

huitième siècle [1], cette Bible des iconophiles amoureux des exquises séductions des maîtres d'un temps qui fut un long triomphe pour l'art si français de la gravure.

De Cochin, M. de la Béraudière possède toute une série de dessins de premier ordre dans son œuvre, à commencer par ce délicieux profil de *Mme Fréron*, daté de 1751, à côté duquel se rangent de plein droit les *Portraits de M. et Mme Deloigne de la Coudroye,* à la mine de plomb, datés de 1785; Cochin avait taillé pour eux son meilleur crayon.

C'est *le Petit Coblentz, boulevard de Gand sous le Directoire,* très beau, très curieux dessin d'Isabey, dont la plume satirique, rehaussée de lavis d'encre de Chine et d'aquarelle, a croqué de la façon la plus mordante les gens du bel air de l'époque : Vestris, Murat, debout, nu-tête, se dandinant sur une chaise, Garat donnant le bras à Mme Récamier, Talleyrand, Bonaparte à droite à l'arrière-plan, et le peintre lui-même, Jean-Baptiste Isabey, aux jambes en fuseaux, au chapeau sur l'oreille, à la bouche béante, à l'œil narquois, tournant, dans le coin de gauche, le dos à l'infatué Vestris, dont le

1. Trois volumes in-8° carré. Paris, Damascène Morgand et Charles Fatout, 55, passage des Panoramas, 1881. Tome II, page 183.

lorgnon est sottement braqué sur l'irrésistible Récamier qui a toute l'élégance d'un fourreau de parapluie. E. Loizelet a gravé cette caricature, où la charge côtoie de si près la réalité.

C'est *la Petite Fruitière anglaise* de Northcote qu'a gravée Thomas Gaugain, *les Enfants guerriers,* que J. P. Le Bas reproduisit d'après Eisen, dont M. de la Béraudière possède en outre de charmantes illustrations pour les œuvres de Mme de Graffigny, de Raynal, de Baculard-d'Arnaud; — Frago, qui interpréta lui-même à l'eau-forte son *Intérieur de parc,* merveilleuse sanguine parmi tant de merveilles de cet artiste si séduisant : *le Départ, le Joueur de marionnettes, Vénus et Adonis, le Cas de conscience, la Clochette*, la *Vue du pont de San Stefano,* à Sestri, *l'Entrée d'un parc,* etc., — Gravelot, dont l'abbé de Saint-Non a gravé à l'eau-forte *le Concert,* un Gravelot exceptionnel entre ses meilleurs ; — Lavreince, qui eut Romain Girard pour traducteur — un assez faible traducteur — de ses illustrations pour les *Liaisons dangereuses* de Choderlos de Laclos ; il n'est représenté ici que par un seul de ces dessins, mais c'est un des plus beaux : *Mme de Merteuil and Miss Cecille Volange.*

Et puis encore *l'Amour juge ou le Congrès de Cythère*, de C. Monnet, que grava Mme de Monchy ; — *le Thé parisien*, fort piquante étude de mœurs, au crayon noir rehaussé de blanc, par F. J. Harriet, qui eut Godefroy pour graveur ; — *le Seigneur chez son fermier*, célèbre dessin de J. M. Moreau qui inspira à Delignon sa meilleure estampe ; — *la Méprise*, de Mouchet, dont la planche, commencée par C. F. A. Macret, fut terminée par J. L. Anselin ; — une *Revue* par Swebach-Desfontaines, gravée par Duplessis-Bertaux, et son *Siège et prise de la ville de Lyon, le 9 octobre 1793*, que reproduisit Berthault ; — *la Présidente Tourvel*, excellente gouache de Touzé gravée par Girardet ; — *les Polichinelles*, de Giambattista Tiepolo, qui tentèrent l'excellentissime graveur berlinois, l'intime de Wille et de Maurice Quentin de La Tour, Schmidt, que l'Académie n'osait admettre dans ses rangs, *parce que protestant*, et qui devint cependant académicien par ordre du roi, grâce à l'active intervention de Rigaud, est-il juste d'ajouter ; — Augustin de Saint-Aubin, dont Pierre-François Courtois a gravé *la Promenade des remparts de Paris*, tandis que lui-même gravait l'année suivante, en 1761, d'après Gabriel de Saint-

Aubin, cette charmante vignette : « *Parbleu, Jacques, souffle donc !...* » pour servir de frontispice à l'opéra-comique de Sedaine : *le Jardinier et son Seigneur*, etc., etc.

Je partis la tête meublée des plus aimables souvenirs, les poches bourrées de notes qui furent pour moi une bonne fortune sans égale ; ne leur dois-je pas de m'avoir fait oublier la température inclémente qui me poursuivait « au pays où fleurit l'oranger », dont, hélas ! j'ai vu les fruits d'or chargés de neige, spectacle navrant qui me menaçait du spleen ? Mais le souvenir de Boucher, de sa *Fête de Campagne*, première pensée du carton d'après lequel fut exécutée une si admirable tapisserie, de son *Quos Ego*, de sa *Jardinière*, de sa *Lecture*, eut facilement raison de papillons noirs que ne contribuèrent pas médiocrement à dissiper aussi *la Toilette* et *le Repentir* de Freudeberg, *le Fruit de l'amour secret* de Baudouin, *l'Offrande à Priape*, une des plus brillantes aquarelles de Philippe Caresme, *la Comtesse de Provence accordant une grâce*, autre aquarelle fort remarquable, celle-ci de Carmontelle, les *Armoiries du Marquis de Marigny*, ingénieusement disposées au milieu des attributs des arts avec tout le goût qui distinguait à un si haut degré

Choffard, les précieux Clouet et les non moins précieux Dumonstier, *le Satyre poursuivant une nymphe*, d'Étienne Delaulne, le *Portrait de Louis Ragueneau de la Chainaye*, par J. C. Delafosse, celui de *la Duthé*, par Lemoine, *Mme Vallayer-Coster*, par elle-même, les motifs décoratifs de Cauvet, de la plus élégante distinction, la tout à fait séduisante gouache de Charlier, *le Réveil*, les modèles de *Coiffures* de Desrais, dix-neuf dessins qui méritent de prendre place au Musée de Cluny pour l'histoire de la toilette au même titre que la riche collection de chaussures qu'avait formée Jules Jacquemart. Encore de Derais, ses *Scènes de magnétisme* et ses *Scènes de comédies et d'opéras-comiques;* puis l'in-folio contenant la *Description abrégée de la nouvelle salle de Comédie française, arrêtée par le Roy*, « pour être exécutée sur le terrain de l'hôtel de Condé par les ordres de Monsieur le marquis de Marigny, conseiller du Roy en ses conseils, commandeur de ses ordres, Lieutenant général des provinces d'Orléanais et Beauce, gouverneur des ville et château de Blois, directeur et ordonnateur général des bâtiments du Roy, jardins, arts, académies et manufactures Royalles, par le sieur de Wailly, architecte de Sa Majesté » ; — ce volume-là, M. Perrin ne le laissera bien certainement pas échapper, sa place est dans les archives du Théâtre-Français ; — que sais-je encore ? le *Portrait de R. J. Hérivaux* et celui de *Denise Savari,* que Ch. Gaucher, de l'Académie des Arts d'Angleterre, ainsi qu'il signait, dessina avec un charme infini, le premier en 1786, le second en 1775 ; — *la Joueuse de vielle,* d'Étienne Jeaurat, un Jeaurat comme on n'en rencontre pas, trois gouaches non moins exceptionnelles de Mallet, une magistrale mine de plomb de Robert Nanteuil, *Un Parc,* d'Oudry, avec des figures de Moreau le jeune, deux Rowlandson pétillants d'*humour,* une miniature sur vélin de Prud'hon, bijou rarissime qui reproduit les traits du fils du maître, un Portail comme on n'en reverra pas : *le Concert,* que ne désavouerait pas Watteau. Un maître dessinateur, ce Jacques-André Portail, dont on ne sait presque rien, que l'Académie admit en 1745 en qualité de peintre de fleurs, à qui elle donna la charge de « Décorateur des Expositions du Louvre », et qui mourut en 1759 ayant fort peu fait parler de lui, à en juger par le silence que gardent à son sujet toutes les biographies. *Le Concert* suffit à le venger de l'injuste oubli dans lequel est tenue sa mémoire.

Je m'arrête, j'en aurais trop long encore à citer. Que d'heureux ne va point faire une vente aussi sévèrement choisie ! Je n'ai qu'un regret et des plus vifs, pauvre hère que je suis, c'est de me voir condamné au supplice de Tantale ; impossible de songer à figurer parmi les vainqueurs de cette lutte de *bank-notes*. Nos voisins d'Outre-Manche ne manqueront pas d'envoyer leur très intelligent et très connaisseur ambassadeur ordinaire, M. A. W. Thibaudeau. Chaude, très chaude sera la bataille. Puisse la France conserver les morceaux les plus précieux ! Je serais désolé d'apprendre que le Portail, par exemple, — et bien d'autres ! — a été conquis par l'étranger.

PAUL LEROI.

L'ART.)

DÉSIGNATION

ANONYME

1 — *Allégorie religieuse.*

Une femme à genoux au pied d'un autel où sont représentés la Sainte-Trinité, la sainte Vierge et différents saints. Composition de forme ovale, dans un cartouche ornementé.

A l'aquarelle.

Haut., 12 cent.; larg., 9 cent.

ANONYME FRANÇAIS

DU XVIIIe SIÈCLE

2 — *Maison du prince de Salm, aujourd'hui Palais de la Légion d'honneur.*

Au lavis d'encre de Chine.

Haut., 24 cent.; larg., 36 cent.

BAUDOUIN

(PIERRE-ANTOINE)

3 — *Le Fruit de l'amour secret.*

Première pensée du maître pour la composition qui a été gravée. La jeune accouchée assise au milieu, soutenue par sa mère, cherche à retenir son enfant qu'emporte la sage-femme; du fond arrive une soubrette apportant une tasse de bouillon ; à gauche on voit l'amant qui, assis sur une chaise, la tête appuyée sur un lit, semble être dans un grand désespoir.

Très beau dessin à la plume et lavis d'encre de Chine.

Haut., 29 cent.; larg., 36 cent.

BEHAM

(D'après B.)

4 — *Portrait de l'empereur Ferdinand d'Autriche.*

A la plume.

Haut., 20 cent.; larg., 14 cent.

BELLA

(STEFANUS DELLA)

5 — *Têtes de lions et mascarons sur une même feuille.*

A la plume.

Haut., 18 cent.; larg., 24 cent.

BELLANGÉ

(J.)

6 — *Artus Gouffier.*

Portrait en buste vu presque de face, costume du XVIe siècle. En bas, cette inscription : *Artus Gouffier seigneur de Boissy grand maitre de France mort l'an 1519.*

Aux trois crayons, sur vélin.

Haut., 12 cent.; larg., 10 cent.

BERAIN

(JEAN)

7 — *Costumes pour un carrousel.*

Trois dessins, cavaliers, hommes et femmes en grands costumes à panaches et chevaux caparaçonnés.

Aquarelles, sur vélin.

Haut., 29 cent.; larg., 23 cent.

BERGHEM

(NICOLAS)

8 — *Le Bac.*

Des bergers font entrer leurs bestiaux dans un bac pour traverser une rivière.

A la sanguine.

Haut., 15 cent.; larg., 25 cent.

BERNARD

9 — *Louis XVI, roi de France et de Navarre.*

Marie-Antoinette d'Autriche.

Deux très beaux dessins faisant pendants, dessinés à la plume et lavis d'encre de Chine, signés et datés de 1782. Ont été gravés.

Haut., 50 cent.; larg., 48 cent.

BERNARD

10 — *Portrait de la reine Marie-Antoinette.*

Représentée en buste, de profil à gauche, avec haute coiffure, et un foulard noué dans les cheveux.

Dessin de forme ronde.

A la plume, la figure et la gorge légèrement lavées d'aquarelle.

Haut., 48 cent.

BERNARD

11 — *Portrait.*

Une jeune femme en buste de profil à gauche, avec coiffure à panaches, de forme ovale.

A la plume et lavis d'encre de Chine et d'aquarelle.

Haut., 37 cent.; larg., 30 cent.

BOILLY

(LOUIS - LÉOPOLD)

12 — *Portrait de Mlle Gerard.*

Représentée en buste, la tête vue de trois quarts avec chapeau garni d'un gros nœud de rubans.

Beau dessin aux crayons noir et blanc, rehaussé de sanguine sur la figure.

Haut., 55 cent.; larg., 37 cent.

BOISSIEU

(J. J. DE)

13 — *Environs de Lyon.*

Paysage d'une vaste étendue traversé par une rivière venant du milieu du fond en s'étendant sur le devant et formant îlot; au premier plan une barque avec personnages et sur le bord de la rivière deux femmes, dont une assise, dessinant.

Beau dessin au lavis d'encre de Chine.

Haut., 31 cent.; larg., 43 cent.

BOREL

(A.)

14 — *Le Menuet.*

Sur une place publique, un militaire danse le menuet avec une jeune femme ; à droite, un second militaire est à table avec deux autres jeunes femmes.

A la plume, signé et daté 1785.

Haut., 9 cent.; larg., 12 cent.

BOREL

(A.)

15 — *Calèche attaquée par des brigands.*

A la portière d'une calèche se voit une jeune femme qu'un brigand, monté sur un cheval, menace d'un pistolet ; le cocher sur le siège est renversé par un deuxième brigand.

Au lavis d'encre de Chine.

Haut., 13 cent.; larg., 9 cent.

BOSIO

(D.)

16 — *Incroyables.*

Deux dessins faisant pendants, quatre personnages en pied sur chaque feuille.

Au lavis d'encre de Chine et d'aquarelle ; ont été gravés.

Haut., 21 cent.; larg., 33 cent.

BOSIO

(D.)

17 — *Les Saisons.*

Suite de quatre dessins qui ont été gravés dans la suite des caricatures parisiennes.

Au crayon noir.

BOUCHARDON

(EDME)

18 — *Marie-Antoinette.*

Statue de la reine, représentée en vestale, avec un aigle à ses côtés.

A la sanguine.

Haut., 36 cent.; larg., 24 cent.

BOUCHARDON

(E.)

19 — *Portrait de Voltaire, d'après le buste d'Houdon.*

A la sanguine, cadre en bois sculpté.

Haut., 45 cent.; larg., 34 cent.

BOUCHER

(F.)

20 — *Le Quos Ego.*

Neptune apaisant la tempête qu'Éole avait excitée contre la flotte d'Énée. Il est représenté à gauche, debout dans une grande conque traînée par quatre chevaux marins qui traversent la mer agitée. La flotte d'Énée, surmontée par l'orage, se voit à gauche; en haut, des armoiries soutenues par des amours et autres figures.

Dessin très capital, au crayon noir et bistre, rehaussé de blanc, signé et daté de 1783. Cadre en bois sculpté. A été gravé.

Haut., 55 cent.; larg., 39 cent.

BOUCHER
(F.)

21 — *La Lecture.*

Un jeune homme et une jeune femme en costumes chinois, assis dans un chalet rustique, avec tonnelle et arbres.

Charmant dessin à la plume et lavis de bistre, rehaussé de blanc. A été gravé.

Haut., 26 cent.; larg., 20 cent.

BOUCHER
(F.)

22 — *Fête de campagne.*

Au milieu, un charlatan et sa femme montés sur une estrade vendent des chansons; autour sont des groupes de jeunes gens et d'enfants; à gauche, d'autres jeunes gens dansent au son de la musique que jouent deux mendiants assis par terre.

Beau dessin au crayon noir, rehaussé de blanc.

Haut., 26 cent.; larg., 45 cent.

BOUCHER
(F.)

23 — *Groupe de trois jeunes filles avec l'Amour.*

Au crayon noir.

Haut., 23 cent.; larg., 20 cent.

BOUCHER

(F.)

24 — *Le Retour des champs.*

Une paysanne montée sur un âne conduit un troupeau composé de moutons, chèvres, bœufs et vaches.

A la sanguine.

Haut., 29 cent.; larg., 45 cent.

BOUCHER

(F.)

25 — *Buste de jeune femme.*

Représentée de profil à droite avec perles dans les cheveux.

Beau dessin aux trois crayons, cadre en bois sculpté.

Haut., 24 cent.; larg., 19 cent.

BOUCHER

(F.)

26 — *Bohémiens en voyage.*

Au milieu, un homme conduit un chien.

Au crayon noir, sur papier gris, rehaussé de blanc.

Haut., 21 cent.; larg., 31 cent.

BOUCHER

(F.)

27 — *Bergère assise.*

Jeune femme assise sur une butte de terre, vue presque de face avec roses dans les cheveux ; de la main droite elle tient une houlette ; à sa gauche un jeune enfant.

Beau dessin aux trois crayons, dans un cadre en bois sculpté. A été gravé par Demarteau.

Haut., 34 cent.; larg., 26 cent.

BOUCHER

(F.)

28 — *Décoration pour cheminée.*

Au crayon noir et sanguine.

Haut., 19 cent.; larg., 14 cent.

CALLET

(ANT.-F.)

29 — *Psyché et l'Amour.*

Psyché et l'Amour sur des nuages, entourés de groupes de petits amours portant des fleurs.

Au crayon noir et aquarelle, cadre en bois sculpté.

Haut., 26 cent.; larg., 22 cent.

CARAVAGE

(POLIDORE DE)

30 — *Une Aiguière.*

La panse est ornée de figures de femmes et de tritons.

A la plume et lavis d'indigo.

Haut., 21 cent.; larg., 11 cent.

CARÊME

(PHILIPPE)

31 — *Offrande à Priape.*

A gauche, sur un piédestal la statue d'un Priape devant laquelle est un satyre drapé et couronné de lierre, offrant un sacrifice; à gauche, danse de nymphes et de satyres.

Très beau dessin à l'aquarelle; a été gravé.

Haut., 19 cent.; larg., 24 cent.

CARÊME

(PHILIPPE)

32 — *Offrande à Priape.*

Offrande à l'Amour.

Deux dessins faisant pendants, au lavis d'encre de Chine et d'aquarelle.

Haut., 17 cent.; larg., 12 cent.

CARMONTELLE

(L. C.)

33 — *La Comtesse de Provence accordant une grâce.*

La princesse est debout à gauche; devant elle une femme à genoux que lui présente un jeune seigneur.

Aquarelle très capitale.

Haut., 34 cent.; larg., 23 cent.

CARMONTELLE

(L. C. DE)

34 — *Portrait.*

Devant une croisée ouverte, dans un salon une jeune femme assise sur un canapé, vue de profil à gauche, avec fleurs dans les cheveux.

Beau dessin à l'aquarelle.

Haut., 27 cent.; larg., 18 cent.

CAUVET

(G. P.)

35 — *Galerie d'un palais.*

Une galerie avec sept croisées et douze colonnes avec chapiteaux ornementés; dans des niches formées par deux colonnes, sont placées des torchères supportées par des figures de femmes; on voit en haut l'ornementation et les peintures du plafond.

Magnifique dessin à la plume et lavis d'encre de Chine.

Haut., 55 cent.; larg., 1 m. 20 cent.

CAUVET

(G. P.)

36 — *La Chambre d'un guerrier dans un très riche palais.*

Au milieu, le lit avec attributs guerriers, surmonté d'un haut baldaquin dont les rideaux sont relevés par deux figures de femmes; à gauche et à droite, des colonnes ornementées entre lesquelles sont des torchères supportées par des figures de femmes et de guerriers.

Magnifique dessin à la plume et lavis d'encre de Chine.

Haut., 60 cent.; larg., 88 cent.

CAUVET

(G. P.)

37 — *Décorations intérieures Louis XVI, avec portes, fenêtres, cheminées, etc.*

Vingt-quatre très beaux dessins au lavis d'encre de Chine; pourront être vendus séparément.

CHALLE
(M. A.)

38 — *Les Lessiveuses.*

Dans un intérieur rustique, une jeune fille savonne dans un baquet, en écoutant le rendez-vous que lui donne son amant que l'on voit par la fenêtre, monté sur une échelle; à droite, dans le fond, la mère étend son linge sur une corde.

A la plume et lavis de bistre, rehaussé de blanc.

Haut., 23 cent.; larg., 20 cent.

CHALLE
(M. A.)

39 — *Nymphes au bain.*

Paysage traversé par une rivière dans laquelle plusieurs nymphes se baignent.

Au crayon noir, rehaussé de blanc.

Haut., 25 cent.; larg., 36 cent.

CHARLIER
(JACQUES)

40 — *Le Réveil.*

Jeune femme nue couchée sur un canapé, sur

lequel sont étendues des draperies de différentes couleurs.

Superbe gouache.

Haut., 21 cent.; larg., 27 cent.

CHARLIER

(JACQUES)

41 — *Le Sommeil de Vénus.*

Une femme entièrement nue couchée sur un lit recouvert de draperies; en haut une figure diabolique sur des nuages.

Très belle gouache dans un cadre en bois sculpté.

Haut., 30 cent.; larg., 23 cent.

CHIPART

(Le père)

42 — *Allégories sur la République et Buonaparte.*

Deux dessins de forme ronde, dont un renferme l'explication du sujet.

A la plume et lavis d'encre de Chine.

CHODOWIECKI

(D.)

43 — *Arrivée sur le territoire suisse de la princesse Marie-Thérèse-Charlotte, le 26 décembre 1795.*

Au lavis de bistre, rehaussé de blanc. A été gravé par Vinkeles et Vrydag.

Haut., 14 cent.; larg., 20 cent.

CHODOWIECKI

(D.)

44 — *Entrée, dans le village suisse, des députés et ministres français prisonniers en Autriche, le 26 décembre 1795.*

Au lavis de bistre, rehaussé de blanc. Fait pendant au numéro précédent et a été gravé par les mêmes artistes.

Haut., 15 cent.; larg., 20 cent.

CHOFFARD

(P. P.)

45 — *Armoiries du marquis de Marigny.*

Dans un cartouche, surmonté de la couronne de

marquis; en bas la croix du Saint-Esprit, entourée des attributs des arts. Ce charmant dessin a été gravé au bas de la gravure : *l'Accordée de village d'après Greuze*, cette estampe étant dédiée au marquis de Marigny.

Au lavis de bistre, rehaussé de blanc.

Haut., 5 cent.; larg., 13 cent.

CHOFFARD

(P. P.)

46 — *Cartouche.*

Un grand cadre avec trophée en bas; en haut, une frise où sont représentés des enfants s'occupant de différents travaux; ceux du milieu, personnifiant l'architecture, soutiennent une feuille où est représentée la vue d'une ville traversée par une rivière; au-dessus, sur une banderole qui se mêle à une guirlande de roses le mot : *Basilia*; au-dessous de la frise, des armoiries.

Très beau dessin au lavis d'encre de Chine et d'aquarelle.

Haut., 36 cent.; larg., 48 cent.

CLOUET

(JANET)

47 — *Portrait de Henri III.*

En buste, de trois quarts à droite, la tête couverte d'une toque noire garnie de plumes et de pierreries, il porte un habit richement brodé avec le collier de l'ordre de Saint-Michel en sautoir.

Très beau et précieux dessin aux trois crayons.

Haut., 23 cent.; larg., 18 cent.

CLOUET

(JANET)

48 — *Portrait de Marie de Médicis.*

L'épouse du roi Henri IV est représentée en buste, vue de trois quarts à gauche, avec aigrette et perles dans les cheveux, large collerette bordée de dentelles, le corsage garni de pierres précieuses.

Très beau et précieux dessin aux trois crayons.

Haut., 23 cent.; larg., 18 cent.

COCHIN

(CH. N.)

49 — *Clairon (Mademoiselle).*

Concours pour le prix de l'expression, fondé dans l'Académie royale de peinture par le comte de Caylus. Mademoiselle Clairon, assise sur une chaise au-dessus d'une table élevée, sert de modèle aux jeunes artistes.

Dessin très capital, aux crayons noir et blanc, a été gravé par J. J. Flippart, de format plus petit.

Haut., 30 cent.; larg., 40 cent.

COCHIN

(CH. N.)

50 — *Un Sermon.*

Nombreuse réunion dans la chapelle d'un château royal, écoutant le sermon d'un évêque, la chaire se trouvant dans la partie droite de la composition. Au milieu, le fauteuil du roi, sous le dais royal, est inoccupé.

Dessin très capital, à la mine de plomb, sur vélin.

Haut., 34 cent.; larg., 51 cent.

COCHIN

(CH. N.)

51 — *La Justice protège les arts, allégorie.*

Beau dessin à la sanguine ayant été gravé.

Haut., 29 cent.; larg., 19 cent.

COCHIN

(CH. N.)

52 — *Mme Fréron.*

Portrait en buste de profil à droite, avec dentelle dans les cheveux, relevés et poudrés; au cou un ruban bouillonné, le corsage décolleté avec broderies autour. Signé en bas : *C. N. Cochin filius delin. 1751;* plus bas, au crayon : Première femme de M. Fréron. Cette pièce n'a jamais été gravée.

Très précieux dessin au lavis d'encre de Chine et mine de plomb.

Haut., 17 cent.; larg., 12 cent.

COCHIN

(CH. N.)

53 — *Portraits de M. et Mme Deloigne de la Coudroye, gouverneur de Fontenay.*

Ils sont vus jusqu'à la ceinture; le mari tourné vers la droite, les cheveux relevés et poudrés, porte un habit à brandebourgs boutonné sur la poitrine; la femme, vue de face, a une chevelure abondante, relevée et poudrée, couverte d'un large bonnet orné de rubans; autour du cou, une double collerette plissée; une pèlerine en soie noire sur les épaules.

Deux superbes dessins faisant pendants, exécutés à la mine de plomb. Signés en toutes lettres et datés de 1785.

Haut., 13 cent.; larg., 85 cent.

COCHIN

(CH. N.)

54 — *Portrait d'homme.*

En buste, de profil à droite, dans un médaillon retenu en haut par un nœud de rubans.

Au crayon noir.

Haut., 20 cent.; larg., 14 cent.

COCHIN

(CH. N.)

55 — *Apothéose d'un évêque.*

Frontispice pour le bréviaire d'Amiens; dans le haut, un évêque sur un nuage supporté par une gloire d'anges; en bas, la vue de la cathédrale d'Amiens. Signé : *C. N. Cochin filius delin.*

A la mine de plomb, sur vélin.

Haut., 13 cent., larg., 7 cent.

COCHIN

(CH. N.)

56 — *Académie de dessin.*

A la plume.

Haut., 7 cent.; larg., 9 cent.

DEBUCOURT

(P. L.)

57 — *Jeune Femme en costume de l'an IX.*

Debout, dans son salon, elle regarde des estampes dans un portefeuille posé sur une chaise. Derrière elle un bureau.

Au crayon noir et lavis d'aquarelle.

Haut., 13 cent.; larg., 12 cent.

DEBUCOURT

(P. L.)

58 — *Le Rendez-vous.*

Au milieu de la campagne, deux amants se serrent l'un contre l'autre en regardant deux colombes qui se becquètent.

Au crayon noir. A été gravé.

Haut., 13 cent.; larg., 27 cent.

DELAFOSSE

(J. C.)

59 — *Portrait d'homme.*

En buste, dans un médaillon, avec entourage ornementé; en haut, une couronne de roses et gros nœud de rubans; en bas, les armoiries posées sur un cartouche où est cette inscription : *Louis Ragueneau de la Chainaye, né le 24 novembre 1741.*

Très beau dessin au lavis d'encre de Chine, la figure rehaussée de sanguine.

Haut., 28 cent.; larg., 20 cent.

DELAFOSSE

(J. C.)

60 — *Deux verres sur une même feuille.*

A la plume et lavis d'encre de Chine, signé des initiales de l'artiste.

Haut., 16 cent.; larg., 25 cent.

DELAULNE

(ÉTIENNE)

61 — *Satyre poursuivant une nymphe.*

Sur le premier plan, dans des roseaux, une nymphe s'enfuit, poursuivie par un satyre; le fond offre un vaste paysage orné de maisons et d'hommes occupés aux travaux des champs; au milieu, une chasse au cerf; dans le haut, tout à fait dans le fond, la vue d'une ville au bord de la mer.

Dessin de forme ronde pour décoration d'un plat, exécuté à la plume et lavis d'indigo. A été gravé.

Haut., 15 cent.

DEMACHY

(P. A.)

62 — *Vue prise dans le parc de Trianon.*

A l'aquarelle. Au verso, différentes études au lavis d'encre de Chine.

Haut., 27 cent.; larg., 20 cent.

DEMACHY

(P. A.)

63 — *Ruines.*

Monuments en ruines traversés par un chemin; vers la gauche, un homme à cheval conduit une vache et des moutons.

A la plume et lavis d'encre de Chine.

Haut., 22 cent.; larg., 34 cent.

DESHAYES

(J. B.)

64 — *L'Amant empressé.*

Une jeune femme assise sur un canapé, des fleurs dans les cheveux, donne sa main à baiser à un jeune homme à genoux devant elle.

Beau dessin aux crayons noir et blanc sur papier bleu, les visages et les mains rehaussés de sanguine.

Haut., 33 cent.; larg., 28 cent.

DESRAIS

(C. L.)

65 — *Scènes du magnétisme animal de Mesmer.*

Deux dessins faisant pendants; dans l'un, on voit

au milieu le baquet ou cuve magnétisée, autour de laquelle sont réunis un grand nombre de malades. Le second représente une scène de magnétisme dans un salon ; au milieu, une jeune femme debout dans une espèce de cage.

Deux très beaux dessins au lavis de bistre, rehaussés de blanc.

Haut., 20 cent.; larg., 30 cent.

DESRAIS

(C. L.)

66 — *Deux jeunes femmes debout.*

La première, coiffée d'un chapeau à larges bords, tenant un livre à la main et ayant les deux coudes appuyés sur un meuble.

La seconde, avec chapeau en forme de ruche, s'appuie de la main droite sur une canne.

Deux charmants dessins au lavis de bistre, rehaussés de blanc.

Haut., 18 cent.; larg., 10 cent.

DESRAIS

(C. L.)

67 — *Coiffures.*

Suite de dix-neuf dessins représentant des jeunes femmes en bustes, avec coiffures de l'époque; sur chaque feuille, une inscription indiquant le nom de la coiffure, ainsi qu'on le verra dans le détail que nous donnons ci-après.

Ces dix-neuf dessins sont exécutés à la plume, avec lavis d'encre de Chine et de bistre. Ils ont été gravés à quatre sur une même feuille, dans le livre intitulé : *Gallerie des modes et costumes français, ouvrage commencé en l'année 1778, dessinés d'après nature par Leclerc, Desrais, Martin, Simonet, Watteau fils et de Saint-Aubin... A Paris, chez les sieurs Esnauts et Rapilly.*

Haut., 13 cent.; larg., 9 cent.

1. *Pouf d'un nouveau goût.*
2. Bonnet négligé, boucles d'oreilles à la créole en 1780.
3. Bonnet à l'heureux destin.
4. Nouveau bonnet à la grenade.
5. Bonnet rond de gaze à grand bourlet orné d'un serre-tête en rosette à deux coques, avec un fichu en marmotte.
6. Coeffure d'une dame grecque.
7. Bonnet à la Mirza vu par derrière.
8. Nouveau chapeau orné de fleurs et de plumes, par dessous un topet et trois boucles détachées.
9. Bonnet à la glorieuse.
10. Le même chapeau à la grenade, vu par derrière sur un crêpé, accompagné de trois boucles de côté.
11. Bonnet rond dit au Pierrot, capote à la flamande.
12. Le même chapeau à la grenade, vu du côté droit.
13. Bonnet rond à deux rangs de gaze à grand bourlet, orné d'un serre-tête noué négligemment.

14. Fichu à la Mirza avec un petit chapeau rond en poil gris.
15. Chapeau anglais d'un nouveau goût.
16. Bonnet rond à la douairière.
17. Nouveau bonnet à la Jeannette.
18. Fichu à la Desrues, autrement dit à la Mirza.
19. Cornette à la païsanne et fichu en colinette.

DESRAIS

(C. L.)

68 — *Scènes de comédies ou d'opéras-comiques de la fin du XVIIIe siècle.*

Compositions de forme ronde, exécutées à la plume avec lavis de bistre, et rehaussées de blanc. La série est composée de cinquante-quatre dessins, divisée par suites de six sujets pour chaque série ou chaque pièce, comme nous les indiquons ci-dessous.

Les dimensions sont à peu près les mêmes pour chaque dessin.

Haut., 15 cent.; larg., 13 cent.

Chaque série, sauf une, est accompagnée de la feuille de papier qui servait à les envelopper au moment de la publication et indique le prix payé à l'artiste pour chaque suite de six.

Les Voyages de Rosine. Six dessins.

Le Barbier de Séville. Six dessins.

Les Amours d'Été. Six dessins.

Les Solitaires de Normandie. Six dessins.

Blaise et Babet. Six dessins.

Le Jugement de Midas. Six dessins.

Le Comte d'Albert. Six dessins.

Comédie dont nous n'avons pas le titre. Les personnages sont : *le Chevalier*, *Camille*, *Rustaut*, *Delorme et Marinette.* Six dessins.

Fables de La Fontaine. Six dessins pour les fables suivantes : La Fille, fable v, livre VII.

Les Papillons et le Berger qui joue de la flûte, fable xi, livre X.

L'Amour et la Folie, fable xiv, livre XII.

Le Vieillard et les Trois Jeunes Hommes, fable viii, livre XI.

Le Marchand, le Gentilhomme, le Pâtre et le Fils de roi, livre X, fable xvi.

L'Écolier, le Pédant et le Maître du jardin, livre IX, fable v.

DESRAIS

(C. L.)

69 — *Illustrations pour les Nouvelles françaises de d'Ussieux.*

Vignette et en-tête pour Alexis. Deux dessins.

Vignette et en-tête pour Françoise de Beauville. Deux dessins.

Vignette pour Marie de Bourgogne. Un dessin.

Vignette et en-tête pour Charlotte de Savoie. Deux dessins.

Total : sept dessins.

A la plume et lavis de bistre et d'encre de Chine. Ont été gravés.

DE WAILLY

70 — *Description abrégée de la nouvelle salle de Comédie française, arrêtée par le Roy.*

Pour être exécutée sur le terrain de l'hôtel de Condé sous les ordres de Monsieur le marquis de Marigny, conseiller du Roy en ses conseils, commandeur de ses ordres, Lieutenant général des provinces d'Orléanais et Beauce, gouverneur des ville et château de Blois, directeur et ordonnateur général des bâtiments du Roy, jardins, arts, académies et manufactures Royalles, par le sieur de Wailly, architecte de Sa Majesté. Un vol. in-fol. veau.

... Ce précieux volume, outre la description du monument et une dissertation sur le théâtre de Corneille et de Voltaire, renferme dix-sept dessins, dont un frontispice allégorique sur la présentation du Plan au Roy, et seize plans, coupes et élévations du théâtre, avec ornementation pour le plafond. Dans l'un représentant l'intérieur, on voit une quantité de personnages montant les escaliers, et en bas le corps de garde. Tous ces dessins sont exécutés soit à la plume, soit au lavis d'encre de Chine ou de bistre.

DUJARDIN

(KAREL)

71 — *Le Retour des champs.*

Peint à la détrempe sur papier.

Haut., 21 cent.; larg., 30 cent.

D'ULIN (P.) ET COCHIN

72 — *Scène du Sacre de Louis XV.*

La scène est prise au moment où le roi, après avoir été couronné de la couronne de Charlemagne, est assis sur le trône préparé au milieu du jubé, y ayant été conduit par l'archevêque, qui est encore à ses côtés, ainsi que les grands dignitaires du royaume. Composition d'un grand nombre de figures faite pour l'ouvrage sur le Sacre de Louis XV, mais n'y ayant pas été gravée.

Superbe dessin à la sanguine, rehaussé de blanc.

Haut., 37 cent.; larg., 58 cent.

DUMONSTIER

(D.)

73 — *M. de Coligny.*

En buste, de trois quarts à droite, cheveux tombant jusque sur les épaules, qui sont couvertes d'un grand col rabattu. En haut cette inscription : *M. de Coligny, fils aisné de M. le mareschal de Chastillon.*

Très beau dessin aux trois crayons et encre de Chine.

Haut., 46 cent.; larg., 33 cent.

DUMONSTIER

(D.)

74 — *Le Duc de Danville.*

En buste, de trois quarts à gauche, cheveux blonds, barbe et moustaches relevées, large col rabattu. En haut, cette inscription : *Le comte de Brion de Puis Duc Danville.*

Superbe dessin aux trois crayons et encre de Chine.

Haut., 42 cent.; larg., 34 cent.

DUMONSTIER

(D.)

75 — *Mlle Defont Lebon.*

En buste, la tête de trois quarts à gauche, avec grande collerette et collier de perles. En haut, cette inscription : *Mlle Defont Lebon, l'une des filles de la reine Marie de Médicis.*

Superbe dessin au crayon noir et lavis d'encre de Chine avec rehaut de sanguine.

Haut., 42 cent.; larg., 32 cent.

DUMONSTIER

(D.)

76 — *Le Maréchal de Guebriant.*

En buste, de trois quarts à droite, avec barbe et moustaches relevées en pointe. En haut, l'inscription rapportée comme titre.

Superbe dessin aux trois crayons et encre de Chine.

Haut., 42 cent.; larg., 32 cent.

DUMONSTIER

(D.)

77 — *Henri de Lorraine, duc de Guise.*

Représenté en buste, de trois quarts à droite, regardant de face, moustaches retroussées et cheveux hérissés, avec une grande collerette relevée.

Superbe dessin aux trois crayons.

Haut., 42 cent.; larg., 30 cent.

DUMONSTIER

(D.)

78 — *Portrait de la duchesse de Rohan.*

Elle est représentée en buste, de trois quarts à gauche et regardant de face, les cheveux bouclés et un collier de perles. En haut, on lit cette inscription : *Marie de Béthune, duchesse de Rohan.*

Beau dessin aux trois crayons.

Haut., 40 cent.; larg., 31 cent.

DUMONSTIER

(École de)

79 — *Le Duc de Fronsac, enfant.*

En buste, de trois quarts à gauche, coiffé d'un béguin, la robe avec collerette rabattue. En haut, cette inscription : *Leonor d'Orleans, duc de Fronsac, fils de François d'Orleans, comte de St-Paul. 1626.*

Aux trois crayons et encre de Chine.

Haut., 39 cent.; larg., 27 cent.

DURER

(ALBERT)

80 — *Portrait.*

Buste d'un vieillard, la tête de trois quarts à droite. Beau dessin à la plume. Collection Andreossy.

Haut., 7 cent.; larg., 9 cent.

ÉCOLE ALLEMANDE

DU XVIe SIÈCLE

81 — *L'Annonciation.*

La sainte Vierge est au milieu du sujet, à genoux devant son prie-Dieu. Elle regarde à gauche et écoute les paroles de l'ange Gabriel lui annonçant qu'elle deviendrait mère de Notre-Seigneur. A gauche, un évêque debout, tenant sa crosse; à droite, l'archange saint Michel terrassant le démon.

Dessin très capital, cintré du haut, exécuté à la plume et au lavis d'encre de Chine, pour un vitrail. Il est signé du monogramme S T M et daté de 1503.

Haut., 63 cent.; larg., 64 cent.

ÉCOLE ALLEMANDE

DU XVIe SIÈCLE

82 — *La Mort de la Vierge.*

Au milieu, la sainte Vierge est dans un lit, autour duquel sont les apôtres et différents saints. A gauche, un roi portant le sceptre et la couronne; à droite, un évêque portant sa crosse, accompagné de la Mort; en bas, de chaque côté, des armoiries.

Dessin très capital, cintré du haut, exécuté à la plume et lavis d'encre de Chine, pour un vitrail. Il est signé des initiales D. L. et daté de 1507. Fait pendant au dessin précédent.

Haut., 63 cent.; larg., 64 cent.

— —

ÉCOLE ITALIENNE

DU COMMENCEMENT DU XVIIe SIÈCLE

83 — *Grotesques.*

Quatre dessins en forme de frises, formés de figures de femmes et d'amours dans des rinceaux de feuillages et de fleurs.

A la plume.

Haut., 10 cent.; larg., 40 cent.

ÉCOLE FRANÇAISE

DU XVIIe SIÈCLE

84 — *Plafond de la galerie d'un palais.*

Très beau et très important dessin, divisé par compartiments : les uns, y compris celui du milieu, représentent des sujets mythologiques; les autres, des ornements avec rosaces et arabesques.

A la plume et lavis de bistre.

Haut., 36 cent.; larg., 1 m. 62 cent.

ÉCOLE FRANÇAISE

DU XVIIe SIÈCLE

85 — *Portraits.*

Sur une même feuille sont réunis les portraits

de : Bourdaloue, Mansart, Bossuet, le Père Lachaise, Vauban, le marquis de Puységur, le marquis de Torci, d'Estrées, Boileau, Gualterio, nonce du Pape, et le chapelain de l'ambassade d'Espagne.

Au crayon noir, sur vélin.

Haut., 28 cent ; larg., 49 cent.

ÉCOLE FRANÇAISE

DU XVIIIe SIÈCLE

86 — *Committé (*sic*) central, 1794.*

Grande salle divisée en deux par un ruban tricolore : dans le fond, le comité est en séance ; la partie de la salle formant le premier plan est occupée par un nombreux auditoire.

Très curieux dessin au lavis d'encre de Chine et d'aquarelle.

Haut., 31 cent.; larg., 46 cent.

ÉCOLE FRANÇAISE

FIN DU XVIIIe SIÈCLE

87 — *Vues prises dans le parc du château de Saint-Germain.*

Deux très belles gouaches faisant pendants, les compositions sont ornées de statues et animées de plusieurs groupes de personnages qui se promènent. Encadrées.

Haut., 67 cent.; larg., 67 cent.

ÉCOLE FRANÇAISE

DU XVIIIe SIÈCLE

88 — *Fête de nuit dans un très riche palais.*

Au lavis de bistre rehaussé de blanc.

Haut., 24 cent.; larg., 38 cent.

ÉCOLE FRANÇAISE

DU XVIIIe SIÈCLE

89 — *La Bouquetière.*

Jeune fille en costume de bouquetière, représentée en pied, vue de face et dansant.

Aux trois crayons.

Haut., 34 cent.; larg., 24 cent.

ÉCOLE FRANÇAISE

DU XVIIIe SIÈCLE

90 — *Portrait du duc d'Orléans.*

Il est représenté en buste, de trois quarts à gauche, la tête couverte d'un chapeau à trois cornes avec cocarde. Ce portrait de forme ovale est ajusté dans une bordure ornée de feuillages et de roses avec armoiries en bas.

Le portrait est exécuté au crayon noir et lavis d'aquarelle, la bordure au lavis d'encre de Chine.

Haut., 23 cent.; larg., 17 cent.

ÉCOLE FRANÇAISE

DU XVIIIe SIÈCLE

91 — *Portrait d'homme.*

Représenté en buste, de profil à gauche, avec manteau garni de fourrures, portant à la boutonnière une décoration étrangère.

Aux trois crayons et lavis d'encre de Chine.

Haut., 28 cent.; larg., 23 cent.

ÉCOLE FRANÇAISE

DU XVIIIe SIÈCLE

92 — *Portrait d'un sculpteur.*

Un jeune homme à mi-corps tourné à droite et regardant de face, la tête couverte d'une espèce de toque, les mains appuyées sur une tête de statue.

Au crayon noir et sanguine.

Haut., 41 cent.; larg., 31 cent.

ÉCOLE FRANÇAISE

DU XVIIIe SIÈCLE

93 — *Portrait de Ch. Bertinazzi, acteur célèbre du XVIIIe siècle.*

Il est représenté en buste, tourné à droite et regardant de face, la tête couverte d'une toque.

Au crayon noir et sanguine.

Haut., 32 cent.; larg., 23 cent.

ÉCOLE FRANÇAISE

DU XVIIIe SIÈCLE

94 — *Le même personnage.*

Représenté en buste, vu de trois quarts à droite.

Aux trois crayons.

Haut., 27 cent.; larg., 20 cent.

ÉCOLE FRANÇAISE

DU XVIIIe SIÈCLE

95 — *Le même personnage.*

Aussi en buste, de trois quarts à droite.

Aux trois crayons.

Haut., 21 cent.; larg., 15 cent.

ÉCOLE FRANÇAISE

DU XVIIIe SIÈCLE

96 — *Portrait de Mlle Olivier.*

Elle est représentée en buste, dans le costume de Chérubin du *Mariage de Figaro.*

Aux trois crayons et gouache.

Haut., 31 cent.; larg., 25 cent.

ÉCOLE FRANÇAISE

DU XVIIIe SIÈCLE

97 — *Portrait de femme.*

Représentée en buste, vue de face, la tête et les épaules couvertes d'un fichu.

Aux trois crayons.

Haut., 30 cent.; larg., 27 cent.

ÉCOLE FRANÇAISE

DU XVIIIe SIÈCLE

98 — *Portrait de femme.*

En buste, la tête non couverte et les épaules nues.

Aux trois crayons.

Haut., 30 cent.; larg., 24 cent.

ÉCOLE FRANÇAISE

DU XVIIIe SIÈCLE

99 — *Portrait de femme.*

En buste, de profil à gauche, les cheveux relevés sur lesquels un foulard est négligemment posé, de forme ovale.

Au lavis d'encre de Chine et d'aquarelle.

Haut., 12 cent.; larg., 10 cent.

ÉCOLE FRANÇAISE

DU XVIIIe SIÈCLE

100 — *Portrait de femme.*

Représentée en buste, de trois quarts à gauche, regardant de face, les cheveux poudrés et relevés, avec bonnet garni d'un ruban vert.

Aux trois crayons.

Haut., 33 cent.; larg., 25 cent.

ÉCOLE FRANÇAISE

DU XVIIIe SIÈCLE

101 — *Portraits d'hommes et de femmes.*

Quatre dessins aux trois crayons.

ÉCOLE FRANÇAISE

DU XVIIIe SIÈCLE

102 — *Étude.*

Sur une même feuille deux études, tête de jeune fille et vieille femme en buste.

Aux crayons noir et blanc.

Haut., 25 cent.; larg., 20 cent.

EISEN

(CH.)

103 — *Compositions qui ont été gravées pour illustrer les œuvres de Baculard-d'Arnaud.*

Trois dessins à la mine de plomb, sur vélin. Un est signé en toutes lettres et daté de 1769.

Haut., 14 cent.; larg., 9 cent.

EISEN

(CH.)

104 — *Fleuron pour « Fanny », histoire anglaise, par Baculard-d'Arnaud.*

A la mine de plomb, sur vélin. A été gravé par de Ghendt.

EISEN

(CH.)

105 — *Illustrations pour Raynal.*

Suite de cinq dessins à la sanguine, rehaussés de blanc, signés en toutes lettres et datés de 1773. Ils ont été gravés pour illustrer l'*Histoire philosophique et politique des établissements et du commerce des Européens dans les deux Indes*, par Raynal, édition de 1774.

Haut., 16 cent.; larg., 10 cent.

EISEN

(CH.)

106 — *La Surprise.*

Un jeune homme, entrant à droite, surprend une jeune femme dans son salon, qu'une soubrette habille. Vignette pour illustration d'un roman de Mme de Graffigny.

Charmant dessin à la plume et lavis d'encre de Chine.

Haut., 11 cent.; larg., 7 cent.

EISEN

(CH.)

107 — *Vignette en tête de page pour les œuvres de Baculard-d'Arnaud.*

A la mine de plomb. A été gravé.

Haut., 6 cent.; larg., 9 cent.

EISEN

(CH.)

108 — *Les Enfants guerriers.*

Groupe d'enfants nus, avec attributs de guerre, dans un cartouche ornements.

A la plume et lavis d'encre de Chine. A été gravé par J. P. Le Bas.

Haut., 6 cent.; larg., 10 cent.

FRAGONARD

(HONORÉ)

109 — *Le Départ.*

Dans un parc, un jeune homme descendant d'un

pas précipité regarde un cavalier qui s'éloigne dans le fond à gauche.

A la plume et sépia. Collection Walferdin.

Haut., 23 cent.; larg., 17 cent.

FRAGONARD

(HONORÉ)

110 — *Le Joueur de marionnettes.*

Première pensée du tableau.

Au crayon noir et lavis de bistre. Collection Walferdin.

Haut., 30 cent.; larg., 45 cent.

FRAGONARD

(HONORÉ)

111 — *Croquis.*

Sur une même feuille, une tête de femme et trois croquis d'enfants, dont une jeune fille en buste.

A la plume et lavis de bistre.

Haut., 14 cent.; larg., 9 cent.

FRAGONARD

(HONORÉ)

112 — *Vénus et Adonis.*

Représentés sur des nuages, entourés d'amours ; allégorie pour un plafond. Dessin de forme ronde.

A la plume et sanguine.

Haut., 30 cent.

FRAGONARD

(HONORÉ)

113 — *Le Cas de conscience.*

La Clochette.

Deux dessins de format in-4°. Compositions tirées des Contes de La Fontaine. N'ont pas été gravés.

Au lavis de bistre, rehaussés de blanc.

Haut., 26 cent.; larg., 17 cent.

FRAGONARD

(HONORÉ)

114 — *Intérieur de parc.*

Un perron ; sur les côtés, des lions couchés sur leurs piédestaux ; en face, une niche dans laquelle est une statue vivement éclairée par le soleil et en partie cachée par des plantes grimpantes ; au-dessus, une terrasse, deux statues et des arbres formant le berceau.

Superbe dessin à la sanguine, de la plus belle exécution. Collection Mahérault. A été gravé à l'eau-forte par le maître.

Haut., 35 cent.; larg., 44 cent.

FRAGONARD

(HONORÉ)

114 *bis* — *Intérieur de parc.*

Au centre, une porte cintrée avec terrasse, surmontée de vases et de statues ; à droite, de nombreux personnages.

A la plume et lavis d'aquarelle. Collection Mahérault.

Haut., 17 cent.; larg., 28 cent.

FRAGONARD

(HONORÉ)

115 — *Entrée d'un parc.*

Le milieu est rempli par un perron en forme de fer à cheval, surmonté d'une fontaine.

Beau dessin à l'aquarelle, signé au bas de la droite : *Frago Roma.*

Haut., 22 cent.; larg., 27 cent.

FRAGONARD

(HONORÉ)

116 — *Vue du Pont de San Stefano.*

A gauche et à droite, un monument ; le premier plan est animé de figures et d'animaux.

Beau dessin au lavis de bistre. Au bas, à gauche, on lit : Pont San Stefano à Sestri, 26 novembre 1773.

Haut., 28 cent.; larg., 37 cent.

FRAGONARD

(HONORÉ)

117 — *Vases.*

Trois sujets sur une même feuille.

A la plume et lavis de bistre.

Haut., 13 cent.; larg., 24 cent.

FREUDEBERG

(SIGISMOND)

118 — *La Toilette.*

Jeune femme assise à sa toilette, une soubrette lui

poudre les cheveux ; devant elle un jeune homme assis lui parle ; au-dessous, une tablette avec ces vers :

Ne cherche point à calmer mes alarmes.
L'infidèle Émilie a prononcé mon sort.
Amour, laisse plutôt, laisse couler mes larmes,
Elles n'auront de terme que ma mort.

Le Repentir.

Jeune femme assise, évanouie, deux soubrettes lui portent secours ; à ses pieds un jeune homme à genoux implore son pardon ; sur une tablette en bas ces vers :

Ah ! qu'ai-je fait, ô ma chère Émilie !
L'état où je vous vois a détruit mon soupçon :
L'extrême amour produit la jalousie,
L'amant qui se repent est digne de pardon.

Ces deux très beaux dessins, faisant pendants, sont exécutés au lavis d'encre de Chine et d'aquarelle.

Haut., 19 cent.; larg., 23 cent.

GAUCHER

(CH. ÉT.)

119 — *Portrait de R. J. Hérivaux.*

En buste, vu de face, dans un médaillon posé sur une tablette, sur laquelle est inscrit son nom.

Charmant dessin à la mine de plomb ; en bas : *Dessiné par C.-E. Gaucher, 1789.*

Haut., 15 cent.; larg., 11 cent.

GAUCHER

(CH. ÉT.)

120 — *Portrait de Denise Savari.*

Représentée en buste, de face, avec haute coiffure surmontée d'un bonnet à rubans; derrière le cadre cette inscription : *Denise Savari, née à Amiens le 20 avril 1738, épouse en premières noces de M. Lecouvreur, d'Amiens, en secondes de M. Quentin Thieri, ancien directeur des fermes, morte à Paris le 16 octobre 1816.*

Charmant dessin à la mine de plomb, la figure légèrement rehaussée d'aquarelle; en bas on lit : *Dessiné par Ch. Gaucher, de l'Académie des arts d'Angleterre, 1775.* De forme ovale.

Haut., 12 cent.; larg., 10 cent.

GERMAIN

121 — *Une Soupière avec son couvercle.*

A la plume et lavis d'encre de Chine.

Haut., 22 cent.; larg., 17 cent.

GHEZZI

122 — *La Promenade.*

Un homme, couvert d'une grande redingote, donne

le bras à une femme ayant un manteau garni de fourrures, et l'autre bras à un homme ayant un chapeau à trois cornes.

A la plume et lavis d'encre de Chine.

Haut., 28 cent.; larg., 20 cent.

GILLOT

(CLAUDE)

123 — *Arabesque, avec trophée d'attributs de chasse au milieu.*

A la plume et lavis de bistre.

Haut., 27 cent.; larg., 16 cent.

GILLOT

(CLAUDE)

124 — *Lettres ornées d'un alphabet.*

Les lettres A, B, C, D et Z ornées de figures de femmes, d'hommes et d'animaux.

Cinq beaux dessins à la sanguine.

Haut., 215 millim.; larg., 18 cent.

GONZALÈS

(R. A.)

125 — *Les Prémices de l'amour-propre.*

Jeune enfant vu à mi-corps, se regardant dans une glace posée sur une table.

Charmant dessin à la sanguine. Cadre en bois sculpté. A été gravé.

Haut., 22 cent.; larg., 18 cent.

GOYA

(FR.)

126 — *Caprices.*

Suite très curieuse de douze dessins exécutés au lavis d'encre de Chine pour une série qui n'a pas été gravée.

Haut., 23 cent.; larg., 15 cent.

GRAVELOT

(HUBERT)

127 — *Le Concert.*

La partie droite du dessin est occupée par le chef de musique et les exécutants ; à gauche, les spectateurs, dont une jeune femme et sa fille, assises, leurs figures exprimant l'admiration.

Très beau et capital dessin à la plume et crayon noir, avec lavis d'encre de Chine. A été gravé à l'eau-forte par Saint-Non.

Haut., 21 cent.; larg., 19 cent.

GRAVELOT

(HUBERT)

128 — *La Visite du médecin.*

Une jeune femme en négligé du matin, assise dans un fauteuil, sur le dossier duquel est une couronne de comte, étend le bras droit vers un jeune homme debout devant elle.

Beau dessin au crayon noir, rehaussé de blanc.

Haut., 45 cent.; larg., 38 cent.

GRAVELOT

(HUBERT)

129 — *La Visiteuse bien reçue.*

Un jeune seigneur en négligé du matin, assis dans un fauteuil, reçoit la visite d'une jeune femme qui lui presse la main tendrement.

Beau dessin au crayon noir et blanc, fait pendant au numéro précédent.

Haut., 45 cent.; larg., 38 cent.

GRAVELOT

(HUBERT)

130 — *Un Combat.*

Guerriers débarquant de bateaux qui arrivent à droite et livrant bataille à une armée qui vient à leur rencontre.

A la plume et lavis de bistre rehaussé de blanc.

Haut., 7 cent.; larg., 13 cent.

GRAVELOT

(HUBERT)

131 — *Croquis.*

Sur une même feuille sont représentés : une jeune mère tenant son enfant sur ses genoux, un peintre dessinant, deux dames et un seigneur à la promenade, et un jardinier portant deux arrosoirs.

Au crayon noir.

Haut., 27 cent.; larg., 29 cent.

GRAVELOT

(HUBERT)

(?)

132 — *Incendie de la Foire Saint-Germain.*

Cette composition a été gravée au XVIIIe siècle,

peut-être par Gabriel de Saint-Aubin; elle porte en bas cette inscription : *Le Desastre et l'afreux incendie de la foire St. Germain, arrive le 17 Mars 1782. 410 boutiques de marchands qui y ont perdus la plus grande partie de leurs biens.* La gravure accompagne le dessin.

Au lavis d'encre de Chine.

Haut., 25 cent.; larg., 34 cent.

GREUZE

(J. B.)

133 — *Bienfaisance du roi de Suède.*

Au verso, cette inscription : Le Roi de Suède traversant à cheval un village sans être connu ; il aperçoit une jeune paysanne puisant de l'eau à une fontaine ; il lui demande à boire ; elle lui en présente avec tant d'honnêteté que le monarque lui offre de l'amener à Stockholm et de lui procurer dans cette ville un sort agréable. La villageoise répondit qu'elle ne pouvait se résoudre de se séparer de sa mère qui était pauvre et malade. Le Roi est tenté de voir cette mère infortunée; il se rend à leur cabane, est touché du spectacle de leur misère, se fait connaître, leur donne une somme d'argent, loue beaucoup la piété filiale de la jeune paysanne, et de retour à Stockholm accorde à la mère une pension viagère reversible après sa mort sur la tête de la fille. (Voyez la partie IV des *Délassements de l'homme sensible*, par M. d'Arnaud, page 437.) La scène est prise au moment où le roi étant entré dans la chaumière, la jeune fille a genoux à ses pieds, remet une bourse à la mère qui est assise sur un grabat.

Charmant dessin au lavis d'encre de Chine, signé à droite : J. B. Greuze.

Haut., 13 cent.; larg., 18 cent.

GREUZE

(J. B.)

134 — *Tête de petite fille.*

Étude pour la tête de la jeune fille tenant un chien. Composition gravée par Porporati.

Beau dessin à la sanguine, cadre en bois sculpté.

Haut., 34 cent.; larg., 25 cent.

GREUZE

(J. B.)

135 — *Tête de jeune fille.*

Buste de jeune paysanne, vue de profil à droite, les cheveux liés dans un foulard.

A la sanguine, cadre en bois sculpté.

Haut., 28 cent.; larg., 30 cent.

HACKERT

(PH.)

136 — *Paysages avec figures et rivières.*

Deux dessins à la gouache, faisant pendants ; un est signé et daté de 1767 ; cadres en bois sculpté.

Haut., 12 cent.; larg., 17 cent.

HALL

(P. A.)

137 — *Portrait de Mozart.*

Représenté en buste, de profil à droite, habit vert ; les cheveux liés par derrière avec un large nœud de rubans.

A la mine de plomb et lavis d'aquarelle, de forme ronde.

Haut., 5 cent.

HARRIET

(F. J.)

138 — *Le Thé parisien. Suprême bon ton au commencement du XIXe siècle.*

Très beau et curieux dessin au point de vue des mœurs et costumes de cette époque, au crayon noir, rehaussé de blanc. A été gravé par Godefroy, avec le titre indiqué. Provient de la vente Girodet.

Haut., 30 cent.; larg., 41 cent.

HOOGHE

(R. DE)

139 — *La Communion.*

Jeune seigneur et une jeune femme en costumes de l'époque Louis XIV, à genoux au pied de l'autel, reçoivent des mains d'un moine la sainte communion.

A la plume et lavis d'encre de Chine.

Haut., 20 cent.; larg., 29 cent.

HOPFER

140 — *Calice avec couvercle.*

A la plume et lavis d'encre de Chine.

Haut., 25 cent.; larg., 17 cent.

HOUDON

141 — *Allégorie sur la mort de M. Guilard.*

Au verso, cette inscription en écriture du temps : « Cette allégorie fut composée au sujet de la mort de monsieur Guilard, conseiller de grande chambre au parlement de Paris, mort en 1772. Le sujet est la douleur au pied du tombeau tenant d'une main l'urne, elle est consolée par la justice qui lui montre la renommée qui prend soin de sa gloire en attachant le médaillon de celui qu'elle pleure, entre les noms fameux des Talon, Lamoignon, Daguesseau, Fleury et autres grands hommes du Palais. »

Beau dessin au crayon noir, rehaussé de blanc ; au bas, à gauche : *Houdon inve.*

Haut., 35 cent.; larg., 43 cent.

HUBERT-ROBERT

142 — *Ruines.*

Sur un piédestal à droite, la statue de Vénus embrassant l'Amour ; au milieu, une jeune fille assise sur un chapiteau lit dans un livre.

Beau dessin au lavis d'encre de Chine et d'aquarelle, signé et daté de 1792 dans le chapiteau qui supporte la tête brisée, à gauche.

Haut., 27 cent., larg., 22 cent.

HUBERT-ROBERT

143 — *Paysage avec ruines et figures.*

Au milieu un puits où une jeune fille puise de l'eau ; un jeune paysan à demi couché sur le bord du puits semble boire ; de la droite vient une jeune fille portant une cruche de chaque main.

Beau dessin à la plume et lavis d'encre de Chine et de bistre.

Haut., 36 cent.; larg., 52 cent.

HUBERT-ROBERT

144 — *Vue du Panthéon d'Agrippa, à Rome.*

A la plume et lavis d'encre de Chine.

Haut., 20 cent.; larg., 28 cent.

HUBERT-ROBERT

145 — *Escalier d'un riche palais.*

A la sanguine.

Haut., 31 cent.; larg., 41 cent.

HUBERT-ROBERT

146 — *Environs de Rome.*

A la plume et lavis de bistre.

Haut., 9 cent.; larg., 32 cent.

HUBERT-ROBERT

147 — *Monuments d'Italie.*

Deux très belles gouaches faisant pendants ; au verso de l'une est un dessin au lavis d'aquarelle, représentant une vue de la campagne de Rome, avec monuments.

Haut., 43 cent.; larg., 34 cent.

HUBERT-ROBERT

148 — *Croquis. Monuments et paysages d'Italie.*

Neuf dessins à la plume et lavis d'encre de Chine ou de bistre ; un est à la sanguine. Montés sur deux feuilles.

HUET

(J. B.)

149 — *Vénus et l'Amour.*

Vénus couchée sur un lit, ayant à ses côtés l'Amour qui la menace de son carquois. De forme ovale.

Très gracieux dessin à la plume et lavis d'encre de Chine, signé au bas : *J.-B. Huet 1783.*

Haut., 15 cent.; larg., 17 cent.

HUET

(J. B.)

150 — *Vénus et les Amours.*

La déesse est nue et assise sur des draperies, un amour lui met une couronne de roses sur la tête.

Beau dessin au lavis d'aquarelle.

Haut., 19 cent.; larg., 22 cent

HUET

(J. B.)

151 — *Trophée.*

Il est formé de gibier et d'attributs de chasse.

A la plume et lavis de bistre, signé et daté 1772.

Haut., 21 cent.; larg., 14 cent.

HUET

(J. B.)

152 — *Trophée d'attributs guerriers.*

A la plume et lavis de bistre, rehaussé de blanc.

Haut., 27 cent.; larg., 13 cent.

ISABEY

(J. B.)

153 — *Le Petit Coblentz, boulevard de Gand sous le Directoire.*

Très beau et curieux dessin où sont représentés le peintre Isabey, auteur du dessin, Vestris, le prince Murat, Garat donnant le bras à Mme Récamier, Bonaparte, Talleyrand, etc.

A la plume et lavis d'encre de Chine et d'aquarelle. A été gravé par E. Loizelet.

Haut., 37 cent.; larg., 46 cent.

JEAURAT

(ÉTIENNE)

154 — *La Joueuse de vielle.*

Jeune fille assise sur une butte de terre, un foulard sur la tête, noué sous le menton, et jouant d'une vielle qu'elle tient sur ses genoux.

Beau dessin aux crayons noir et blanc, sur papier bleu ; au bas à droite, signé : *Jeaurat del.*

Haut., 11 cent.; larg., 30 cent.

JEAURAT

(ÉTIENNE)

155 — *Étude.*

Jeune femme assise, le coude appuyé sur un meuble et tenant un éventail; sur la même feuille, croquis pour les mains. Au verso, un dessin à la sanguine d'une jeune femme assise.

Au crayon noir, rehaussé de blanc.

Haut., 42 cent.; larg., 28 cent.

LA FAGE

(R. DE)

156 — *Bacchanale.*

Bacchus monté sur un âne, suivi de Nymphes et de Satyres, arrive au pied de la statue d'un dieu à qui l'on offre un sacrifice.

A la plume et lavis de bistre.

Haut., 19 cent.; larg., 28 cent.

LAGRENÉE

(L. J. F.)

157 — *Pygmalion.*

La statue de Galathée sur un piédestal, au pied

duquel est à genoux le fameux sculpteur; dans le fond, Vénus sur les nuages touche la statue et lui donne la vie.

A la plume et lavis de bistre.

Haut., 24 cent.; larg., 18 cent.

LAGRENÉE

(L. J. F.)

158 — *Mercure remettant Bacchus aux mains d'Ino.*

Beau dessin à la plume et lavis de bistre, rehaussé de blanc.

Haut., 40 cent.; larg., 32 cent.

LAGRENÉE

(L. J. F.)

159 — *La Conversation.*

Sur un canapé dans un salon, une jeune femme est étendue et cause à un jeune homme debout derrière elle. A ses pieds, un homme assis sur un fauteuil.

Beau dessin au lavis de bistre, cadre en bois sculpté.

Haut., 32 cent.; larg., 52 cent.

LALLEMAND

(J. B.)

160 — *Le Coup de vent.*

Ruines d'un château au bord d'une rivière ; sur le devant, un gros arbre renversé par le vent.

Au lavis d'encre de Chine et d'aquarelle.

Haut., 36 cent.; larg., 25 cent.

LALLEMAND

(J. B.)

161 — *Paysage.*

Dans le fond, un château fort; au milieu, une rivière formant cascade, et au premier plan trois paysans avec leur troupeau.

Très belle gouache, encadrée.

Haut., 39 cent.; larg., 55 cent.

LANCRET

(NICOLAS)

162 — *La Promenade dans le parc.*

Composition de trois figures.

A la plume et lavis de bistre.

Haut., 29 cent.; larg., 24 cent.

LANTÉ

(L. M.)

163 — *Jeune Femme à la promenade.*

Aquarelle.

Haut., 20 cent.; larg., 15 cent.

LARGILLIÈRE

(N. DE)

164 — *Portrait de femme.*

Elle est représentée de face, vue jusqu'aux genoux, tenant une fleur de la main droite.

A la sanguine, rehaussé de blanc.

Haut., 33 cent.; larg., 26 cent.

LARGILLIÈRE

(N. DE)

165 — *Philippe V, roi d'Espagne.*

Il est debout, vu de face en manteau royal.

Au crayon noir, rehaussé de blanc.

Haut., 26 cent.; larg., 16 cent.

LAVREINCE

(N.)

166 — *Mrs. Merteuil and Miss Cecile Volange*

A gauche, une femme debout, les seins nus, le corset complètement défait, les yeux baissés, une main tenant son mouchoir, près d'une autre femme assise et en chapeau, de profil à gauche, tenant d'une main le lacet du corset de la jeune femme. A droite, une harpe et un chiffonnier; à gauche, une table de toilette. Sujet tiré des *Liaisons dangereuses*.

Très beau dessin de forme ovale, au lavis d'encre de Chine et d'aquarelle, rehaussé de blanc. A été gravé par Romain Girard.

Haut., 33 cent.; larg., 27 cent.

LECLERC

(SÉBASTIEN)

167 — *La Promenade du roi.*

Le roi Louis XV à cheval, suivi d'une escorte de cavaliers, se promène dans le parc d'un château. Composition en forme d'éventail.

A la plume et lavis d'encre de Chine.

Haut., 22 cent.; larg., 44 cent.

LEMOINE

168 — *Portrait de Mlle Duthé.*

Elle est de face, vêtue d'une robe bleue, assise devant sa table de toilette ; elle tient des roses de la main gauche, une lettre de la main droite ; son miroir la reflète de profil.

Très beau et précieux dessin de forme ovale, au lavis d'aquarelle et d'encre de Chine, rehaussé de blanc. A été gravé en couleur par Janinet. Il est dans un très riche cadre en bois sculpté, surmonté d'une lyre entourée de feuilles de chêne.

Haut., 34 cent.; larg., 20 cent.

LEMOINE

169 — *Portrait de la reine Marie-Antoinette.*

Elle est représentée en buste, de profil à gauche, les cheveux très relevés retombant en boucles sur le cou. Dessin de forme ovale.

Au lavis d'encre de Chine et d'aquarelle.

Haut., 10 cent.; larg., 8 cent.

LÉPICIÉ

(N. B.)

170 — *Les Amours champêtres.*

Un jeune paysan et une jeune fille assis au pied d'un arbre gardent leur troupeau que l'on aperçoit dans le fond. Le jeune homme montre du doigt à la jeune fille deux colombes qui se becquètent.

Beau dessin au lavis de bistre, rehaussé de blanc.

Haut., 25 cent.; larg., 22 cent.

LÉPICIÉ

(N. B.)

171 — *Les Jeunes Jardiniers.*

Au milieu, une jeune fille portant un panier est accompagnée d'un jeune garçon portant une hotte et une corbeille garnie de fleurs.

Au crayon noir, rehaussé de blanc.

Haut., 29 cent.; larg., 24 cent.

LÉPICIÉ

(N. B.)

172 — *Portrait.*

Jeune fille en buste, vue de face, les coudes appuyés sur un coussin posé sur un balcon.

Au crayon noir.

Haut., 25 cent.; larg., 19 cent.

LÉPICIÉ

(N. B.)

173 — *Portrait de Mlle Sophie Leroux.*

En buste, de profil à gauche, la tête couverte d'un bonnet garni de brides noires.

Aux trois crayons.

Haut., 22 cent.; larg., 15 cent.

LEPRINCE

(J. B.)

174 — *Sultane.*

Jeune femme en pied, assise, en riche costume oriental.

Au crayon noir, rehaussé de blanc sur papier bleu.

Haut., 42 cent.; larg., 29 cent.

LEPRINCE

(J. B.)

175 — *Oriental.*

Un homme en costume oriental garni de fourrures, un poignard passé dans la ceinture.

Au crayon noir, rehaussé de blanc, sur papier gris.

Haut., 44 cent.; larg., 23 cent.

LEPRINCE

(J. B.)

176 — *Un Oriental.*

Jeune homme en costume oriental, assis, la main droite appuyée sur une canne.

Au crayon noir.

Haut., 50 cent.; larg., 34 cent.

LEREMITA

(D.)

177 — *Portrait de Sully.*

En buste dans un médaillon autour duquel on lit :

Maximilian? Bethunius. dux Sully. Mar. Rosny. regi gal. intim. amicor.

A la plume et lavis de bistre, dans un cadre en bois sculpté.

Haut., 11 cent.; larg., 9 cent.

LEREMITA

(D.)

178 — *Portrait d'un personnage hollandais.*

A la plume, de forme ovale.

Haut., 15 cent.; larg., 12 cent.

LIOTARD

(J. ÉT.)

179 — *Portrait de Mlle Bertin.*

La célèbre modiste de la reine Marie-Antoinette est représentée à mi-corps vue de face, appuyée sur un balcon avec un manchon de fourrures dans lequel ses mains sont cachées.

Au crayon noir et mine de plomb, cadre en bois sculpté.

Haut., 13 cent.; larg., 95 cent.

LOUTHERBOURG

(P. J. DE)

180 — *Taverne de brigands.*

Un chef de brigands, debout au milieu, donne l'ordre à ses acolytes de dévaliser un voyageur qui est renversé à gauche, tandis que la femme de celui-ci, à genoux devant le chef, implore sa clémence.

Beau dessin au lavis de bistre, rehaussé de blanc.

Haut., 30 cent.; larg., 43 cent.

LOUTHERBOURG

(P. J. DE)

181 — *La Petite Fermière.*

Au milieu d'une basse-cour, une jeune femme accompagnée de son enfant donne à manger à des poulets.

Joli dessin au crayon noir, rehaussé de blanc, sur papier bleu. A été gravé par Patas. La gravure accompagne le dessin.

Haut., 26 cent.; larg., 20 cent.

LOUTHERBOURG

(P. J. DE)

182 — *Le Coup de vent.*

Dans un paysage, une jeune fille portant une corbeille sur sa tête et ayant ses jupons relevés par le vent, est suivie par deux vieillards qui rient de sa position critique.

Beau dessin au lavis d'encre de Chine, signé au bas, à gauche : *P. L. de Loutherbourg, 1708.*

Haut., 20 cent.; larg., 31 cent.

MAITRE

(Au monogramme W. B., 1599)

183 — *Modèles de chaises et escabeaux en bois sculpté.*

Vingt et un sujets dessinés à la plume, au recto et au verso d'une même feuille, signé du monogramme W. B., 1599.

Haut., 29 cent.; larg., 38 cent.

MALLET

(J. B.)

184 — *La Toilette.*

Jeune femme debout dans un salon devant une

table recouverte d'un tapis ; de la main droite elle met une rose à son corsage ; derrière elle une soubrette s'apprête à lui mettre son manteau.

La Réprimande.

Dans un salon une jeune femme debout, en robe de soie jaune, écoute les conseils que lui donne une autre femme assise à droite, le bras appuyé sur une table recouverte d'un riche tapis.

Ces deux charmantes compositions, exécutées à la gouache et formant pendants, sont dans deux cadres en bois sculpté.

Haut., 27 cent.; larg., 20 cent.

MALLET

(J. B.)

185 — *Le Salon du citoyen Cuvelier.*

Le célèbre dramaturge est assis à droite devant une table recouverte d'un tapis, jouant de la mandoline ; près de la table, une statue sur un piédestal contre lequel est appuyée une jeune fille dont la tête est couverte d'un voile blanc ; à genoux devant elle, une jeune femme lève un petit enfant dedans un berceau ; de la gauche arrive une servante portant une tasse de chocolat.

Très importante composition à la gouache.

Haut., 37 cent.; larg., 54 cent.

MALLET

(J. B.)

186 — *Intérieur.*

Une jeune mère debout tient son enfant nu sur une table ronde ; de l'autre côté, une servante à genoux, les coudes appuyés sur la table, tient dans ses mains une écuelle qu'elle présente à l'enfant avec son déjeuner ; à gauche, la grand'mère aussi au pied d'un lit sur lequel est un autre enfant nu ; à droite, une table recouverte d'un tapis.

Très belle composition à la gouache.

Haut., 28 cent.; larg., 37 cent.

MALLET

(J. B.)

187 — *Jeune femme couchée sur un canapé, dormant.*

Au crayon noir rehaussé de blanc, sur papier bleu.

Haut., 19 cent., larg., 22 cent.

MALLET

(J. B.)

188 — *Jeune Mère tenant son enfant dans ses bras.*

Dessin de forme ovale, à la gouache.

Haut., 14 cent.; larg., 10 cent.

MARILLIER

(C. P.)

189 — *Trophée avec les attributs de la comédie.*

Au lavis d'encre de Chine ; au verso, un cartouche avec figure de saint au milieu, soutenu par des amours.

Haut., 32 cent.; larg., 19 cent.

MAROT

(DANIEL)

190 — *Un Carrosse.*

Représentation d'un riche carrosse défilant à gauche ; au travers des glaces on aperçoit les seigneurs ainsi que deux abbés qui l'occupent; sur le siège, le cocher avec perruque et chapeau à plumes.

Très beau dessin au lavis de bistre et d'aquarelle.

Haut., 30 cent.; larg., 50 cent.

MAROT

(DANIEL)

191 — *Le même carrosse vu par derrière.*

Aussi au lavis de bistre.

Haut., 30 cent.; larg., 18 cent.

MARTINET

(L.)

192 — *La Partie de billard.*

Composition de onze figures, à la plume.

Haut., 25 cent.; larg., 38 cent.

MASSÉ

(J. B.)

193 — *Portrait de Louis-Philippe, 4e duc d'Orléans, petit-fils du régent.*

Il est représenté à mi-corps, tourné à droite, regardant de face ; il porte une armure avec un gros nœud de rubans au cou.

Très beau dessin aux trois crayons et lavis d'encre de Chine, signé au bas de la gauche.

Haut., 22 cent.; larg., 17 cent.

MATSIS

(QUINTIN)

194 — *Portrait.*

Une vieille femme en costume de religieuse, représentée à mi-corps, les maintes jointes.

Au crayon noir. Au verso, un croquis à la plume d'une sainte Agnès.

Haut., 17 cent.; larg., 14 cent.

MEUNIER

(G.)

195 — *Vue du Théâtre-Français, à Paris.*

Au premier plan et sur le balcon se voient beaucoup de personnages.

Aquarelle. Signé au bas de la droite.

Haut., 17 cent.; larg., 26 cent.

MEULEN

(VAN DER)

196 — *Réunion dans un parc.*

Dans un parc, au pied d'un grand vase sur un piédestal, une réunion de jeunes seigneurs semblent écouter l'explication que leur fait un jeune homme, d'un plan qu'il tient à la main.

A la sanguine, de forme ovale.

Haut., 22 cent.; larg., 20 cent.

MONNET

(C.)

197 — *L'Amour juge ou le congrès de Cythère.*

Dessin de la vignette frontispice de l'édition du livre du comte Algarotti, traduction de l'italien, publiée sous ce titre.

Au lavis d'encre de Chine, signé. A été gravé par Demonchy.

Haut., 1 m. 5 cent.; larg., 6 cent.

MONNET

(C.)

198 — *Nymphes au bain.*

Au milieu d'un paysage, traversé par une rivière, deux nymphes se baignent.

A la plume et lavis d'encre de Chine.

Haut., 21 cent.; larg., 33 cent.

MOREAU

(L.)

199 — *Paysages.*

Deux très belles gouaches faisant pendants, portant les initiales du maître.

Haut., 1 m. 35 cent.; larg., 2 m. 15 cent.

MOREAU

(L.)

200 — *Vue de Vincennes.*

Au premier plan, le parc, où se voient différents groupes de personnes qui se promènent; dans le fond, la vue de Vincennes et du donjon.

Aquarelle.

Haut., 26 cent.; larg., 40 cent.

MOREAU LE JEUNE

(J. M.)

201 — *Le Seigneur chez son fermier.*

Un jeune seigneur et sa femme arrivent dans la cour d'une ferme, introduits par le fermier ; de la gauche arrivent la fermière et sa fille pour les recevoir.

Superbe dessin à la plume et lavis de bistre, signé et daté 1782.

Gravé par Delignon dans la suite d'Estampes du costume physique et moral au XVIIIe siècle.

Haut., 27 cent.; larg., 23 cent.

MOREAU LE JEUNE

(J. M.)

202 — *Dessin du frontispice de : Il torrachione desolato di Bartolommeo Corsini.*

A la plume et lavis de bistre rehaussé de blanc. A été gravé par Moreau.

Haut., 11 cent.; larg., 65 cent.

MOREAU LE JEUNE

(J. M.)

203 — *Vue du Théâtre Italien.*

Le premier plan est animé d'un grand nombre de figures.

A la plume ; au bas, à gauche : *J. M. Moreau le jeune.*

Haut., 18 cent. ; larg., 24 cent.

MOREAU LE JEUNE

(J. M.)

204 — *Frontispice pour un livre in-4°.*

Sur des nuages deux grands anges soutiennent un écusson où sont les armes de la maison de France, surmonté de la couronne royale.

A la plume et lavis de bistre rehaussé de blanc.

Haut., 21 cent.; larg., 13 cent.

MOREAU LE JEUNE

(J. M.)

(?)

205 — *Dessin d'un cartel.*

Ornementation ; de chaque côté, un amour ; en

haut, deux colombes qui se becquètent. Dessin de forme ronde.

Au lavis d'encre de Chine, sur fond bleu.

Haut., 15 cent.

MOUCHERON

(I.)

206 — *Paysage.*

A gauche, un temple et un arbre s'élevant jusqu'au haut du sujet.

A la plume et lavis d'encre de Chine et de bistre.

Haut., 20 cent.; larg., 20 cent.

MOUCHET

206 *bis* — *La Méprise.*

Une jeune femme n'ayant que sa chemise, assise sur un lit, pose sa main droite sur un chat qui est à son côté.

Beau dessin au lavis d'aquarelle. A été gravé par Macret et Anselin.

Haut., 18 cent.; larg., 17 cent.

NAIN

(LE)

207 — *Jeune femme assise, donnant le sein à son enfant.*

Au crayon noir.

Haut., 27 cent.; larg., 20 cent.

NANTEUIL

(ROBERT)

208 — *Portrait d'homme.*

Il est représenté en buste, de trois quarts à gauche et regardant de face, avec perruque retombant sur un collet blanc rabattu, manteau noir accroché sur l'épaule.

Très beau dessin à la mine de plomb ; en bas cette inscription : *Rob. Nanteuil faciebat Ano 1650*. Au dessous, sur une tablette : *Sorori Amantissime R. d. Burin D. D. Dicatys 1650*.

Haut., 17 cent.; larg., 12 cent.

NANTEUIL

(ROBERT)

(?)

209 — *Portrait d'un magistrat.*

Représenté en buste, de trois quarts à gauche cheveux frisés et collerette blanche.

A la sanguine, cadre en bois sculpté.

Haut., 22 cent.; larg., 16 cent.

NATTIER

(J. M.)

210 — *Portrait d'une jeune fille.*

Représentée en buste, vue de face, les cheveux relevés, les épaules nues.

Beau dessin au crayon noir rehaussé de blanc, sur papier bleu.

Haut., 29 cent.; larg., 24 cent.

NATTIER

(J. M.)

211 — *Portrait de femme.*

Jeune fille en buste, tournée à droite et regardant de face, les cheveux légèrement relevés, ornés de fleurs.

Au crayon noir rehaussé de blanc.

Haut., 31 cent.; larg., 22 cent.

NATTIER

(J. M.)

(?)

212 — *Portrait de femme.*

Représentée à mi-corps, assise, les cheveux poudrés, ornés de roses, un nœud de ruban au cou, robe décolletée, avec manteau drapé; de ses deux mains elle tient une guirlande de fleurs.

Aux trois crayons.

Haut., 34 cent.; larg., 26 cent

NICOLLE

(V. J.)

213 — *Vue de Rome.*

Aquarelle, signée au bas de la droite.

Haut., 14 cent.; larg., 19 cent.

NILSON

214 — *Encadrement pour une glace.*

Au crayon noir rehaussé de blanc, sur papier bleu.

Haut., 42 cent.; larg., 30 cent.

NINEGEN

215 — *Ornementation pour un plafond.*

Au milieu est représentée une femme sur des nuages avec des amours.

A la plume et lavis d'encre de Chine et d'aquarelle.

Haut., 27 cent.; larg., 39 cent.

NORBLIN

(J. P.)

216 — *Foire de village.*

Nombreuse assemblée sur le premier plan ; dans le fond, des tentes et un charlatan haranguant la foule.

Au lavis d'encre de Chine, le trait à la plume.

Haut., 21 cent.; larg., 25 cent.

NORTHCOTE

(J.)

217 — *La Petite Fruitière anglaise.*

Elle est représentée assise sur une pierre ; devant elle un grand panier rempli de fruits et un petit chien couché qu'elle tient en laisse.

Au crayon noir et sanguine, rehaussé de blanc.

A été gravé par Gaugain ; de forme ovale, dans un cadre en bois sculpté.

Haut., 35 cent.; larg., 29 cent.

OPPENOR

(G. M.)

218 — *Décoration pour grotte ou fontaine.*

Dessin très capital, exécuté à la plume et lavis d'encre de Chine.

Haut., 1 mètre; larg., 1 m. 30 cent.

OSTADE

(ADRIEN VAN)

219 — *Fumeurs et Buveurs. Six dessins montés sur une même feuille.*

A la plume et lavis d'encre de Chine et de bistre.

OUDRY

(J. B.)

220 — *Un Parc.*

Vers la gauche, un escalier conduisant sur une

terrasse ; au premier plan, plusieurs personnages. Les figures sont dessinées par J. M. Moreau le jeune.

Très beau dessin à la pierre noire rehaussé de blanc, sur papier gris. Collection Mahérault. Cadre en bois sculpté.

Haut., 30 cent.; larg., 51 cent.

OUDRY

(J. B.)

221 — *Portrait de femme.*

Représentée à mi-corps, en costume Louis XV, la main gauche étendue et tenant une houlette de la main droite ; dans le fond, un paysage.

Au crayon noir rehaussé de blanc.

Haut., 22 cent.; larg., 35 cent.

PANINI

(J. P.)

222 — *Entrée d'un palais.*

Autre entrée d'un palais.

Deux dessins faisant pendants, animés d'un grand nombre de figures, exécutés à l'aquarelle.

Haut., 18 cent.; larg., 23 cent.

PARROCEL

(J.)

223 — *Portraits.*

Sur une même feuille sont représentés en buste six officiers de mousquetaires à la tête de leur régiment.

Au crayon noir et sanguine.

Haut., 15 cent.; larg., 24 cent.

PARROCEL

(J.)

224 — *Combat de cavalerie.*

Au lavis d'encre de Chine et sanguine.

Haut., 13 cent.; larg., 35 cent.

PEYRE

(A.)

225 — *Vue des bâtiments de la place Louis XV, prise de l'une des terrasses des Tuileries.*

Charmant dessin à la plume, lavis d'encre de Chine et de bistre, signé au bas à droite : *A. Peyre del 1773.*

Haut., 17 cent.; larg., 28 cent.

226 — *Vue du Pont-Neuf et de la statue d'Henri IV (prise du terre-plein).*

Charmant dessin à la plume, lavis d'encre de Chine et d'aquarelle. Fait pendant au numéro précédent.

Haut., 17 cent.; larg., 28 cent.

PEYRON

(J. F. P.)

227 — *Portraits.*

Deux études pour le même portrait d'un homme ; l'une vue de profil et l'autre de trois quarts ; les deux tournées à droite. De forme ronde.

Au lavis d'encre de Chine.

Haut., 11 cent.

PICART

(BERNARD)

228 — *Composition allégorique avec figures et armoiries, pour frontispice d'un livre sur les sciences.*

Au lavis d'encre de Chine.

Haut., 12 cent.; larg. 23 cent.

PICART

(BERNARD)

229 — *Vignettes et lettres ornées pour illustration d'un livre du commencement du XVIIIe siècle.*

Neuf dessins à la plume et lavis d'encre de Chine.

PICART

(BERNARD)

230 — *Décoration de théâtre.*

Au lavis d'encre de Chine.

Haut., 15 cent.; larg., 28 cent.

PILLEMENT

(JEAN)

231 — *Paysages avec cours d'eau.*

Deux dessins faisant pendants, au crayon noir.

Haut., 19 cent.; larg., 28 cent.

PORTAIL

(J. A.)

232 — *Le Concert.*

Jeune femme à genoux sur une chaise, tenant ouvert un livre de musique et ayant à sa droite une jeune fille debout et un homme qui joue de la flûte, en lisant la musique dans le livre que tient la jeune femme ; à droite, un homme debout les regarde. Les quatre personnages qui figurent sur ce dessin semblent représenter des portraits d'une famille noble de l'époque.

Magnifique dessin aux trois crayons.

Haut., 32 cent.; larg., 25 cent.

POTAIN

(N. M.)

233 — *Élévation extérieure d'un temple, orné d'une colonnade et de fontaines.*

A la plume et aquarelle. Figurait à la vente du marquis de Ménars sous le numéro 385.

Haut., 43 cent.; larg., 1 mètre.

PREVOST

(B. L.)

234 — *Portrait d'un abbé.*

En buste, de profil à gauche, cheveux relevés et poudrés tombant en boucles sur le cou; de forme ronde.

Au crayon noir et mine de plomb, signé en toutes lettres et daté de 1773.

Haut., 11 cent.

PRUD'HON

(P. P.)

235 — *Portrait de Prud'hon fils.*

Il est représenté en buste, vu presque de face, les cheveux hérissés. Ce portrait a beaucoup de ressemblance avec le Zéphir de Prud'hon. On sait que pour cette composition son fils lui servit de modèle.

Miniature sur vélin.

Haut., 85 cent.; larg., 7 cent.

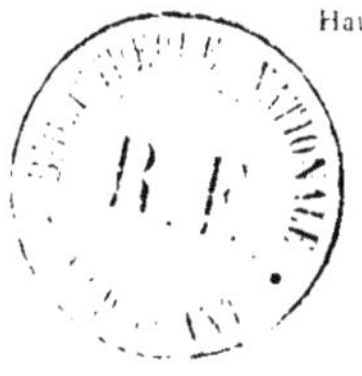

PUJOS

236 — *Portrait.*

Un jeune homme en costume de la fin du XVIIIe siècle, représenté en buste de profil à gauche; de forme ovale.

Aux trois crayons.

Haut., 11 cent.; larg., 9 cent.

RAPHAEL

(D'après)

237 — *Le Jugement de Pâris.*

Dessin de forme ronde, au lavis de bistre, pour plat de faïence d'Urbino.

Haut., 28 cent.

REGNAULT

(J. B.)

238 — *Pygmalion.*

Le fameux sculpteur est à genoux au pied d'un piédestal, sur lequel est la statue de Galathée.

Au lavis de bistre, signé au bas de la gauche.

Haut., 17 cent.; larg., 22 cent.

REGNAULT

((J. B.)

239 — *Dibutade.*

La jeune fille est vue de dos, la tête retournée à gauche, et de la main droite trace sur le mur l'ombre de son amant qui est assis vers la droite.

Au lavis de bistre ; au milieu du bas la signature de l'artiste.

Haut., 17 cent.; larg., 22 cent.

REGNAULT

(J. B.)

240 — *La Femme pensive.*

Jeune femme en buste, l'épaule nue, soutenant sa tête de la main gauche et ayant le coude appuyé sur un coussin.

Beau dessin au crayon noir rehaussé de blanc.

Haut., 49 cent.; larg., 41 cent.

RIGAUD

(J.)

241 — *Terrasse et vue d'un château.*

A gauche, sur un piédestal, est représentée la marquise de Montesson assise, entourée d'amours et d'attributs divers ; elle tient dans ses bras le buste du duc d'Orléans, petit-fils du Régent, son amant ; sur la terrasse, autour de ce monument, plusieurs seigneurs et dames se promènent ; au milieu et accompagnée d'une dame est la marquise de Montesson regardant le monument en écoutant les explications que lui donne sa compagne.

Beau dessin au lavis d'encre de Chine.

Haut., 24 cent.; larg., 37 cent.

ROMAIN

(J.)

242 — *Un homme portant un enfant en montant sur un bateau dans lequel une femme est assise.*

A la plume et lavis de bistre.

Haut., 30 cent.; larg., 24 cent.

ROWLANDSON

243 — *Le Chevalier d'Éon faisant une passe avec le sergent Léger, soldat des gardes.*

La salle d'armes où cette scène est représentée est celle d'*Angelo*, célèbre maître d'escrime du siècle dernier, et qui se trouvait être en quelque sorte une dépendance du théâtre de Haymarket, puisqu'elle fut détruite dans l'incendie de ce théâtre. Parmi les spectateurs on voit, au milieu, le marquis de *Buckingham*, un peu plus à droite *Ch. Fox*, le *marquis de S*... et *Angelo* lui-même qui est debout; à gauche, *Lebrun*, maître d'armes français; le personnage accroupi du même côté est *Angelo* père, avec le fils d'Angelo, debout derrière lui; tout à fait à droite, au milieu du dessin, on voit *Rowlandson*, qui regarde attentivement cette scène. Dans le fond, vers la droite, est pendu au mur le portrait du chevalier de Saint-George, seul objet qu'Angelo put sauver lors de l'incendie de sa salle.

Magnifique dessin à l'aquarelle, signé et daté de 1788, dans un magnifique cadre en bois sculpté, surmonté d'une couronne et d'une guirlande de roses.

Haut., 35 cent.; larg., 51 cent.

ROWLANDSON

244 — *La Place Victoire, à Paris.*

A gauche, la statue sur un piédestal, autour de laquelle défilent des personnages de toutes conditions; dans le fond, au-dessus des maisons, on aperçoit les tours de Notre-Dame. (Composition bien connue par la gravure en couleur.)

Superbe et très curieux dessin au lavis d'encre de Chine et d'aquarelle, dans un cadre en bois sculpté.

Haut., 36 cent.; larg., 53 cent.

SAINT-AUBIN
(G. DE)

245 — *Le Marché aux fleurs.*

Esquisse d'après nature de l'ancien Marché aux fleurs, quai de la Mégisserie, près le Pont-Neuf et la Samaritaine, au moment où deux marchandes se querellent à coups de poing, en présence de trois racoleurs qui rient de leurs positions.

Ce dessin, exécuté à la sanguine avec rehauts de blancs, est certainement un des plus beaux et des plus importants de G. de Saint-Aubin ; au bas de la gauche, la signature et la date de 1774.

Il est dans un superbe cadre en bois sculpté, dont le haut est orné d'une couronne et guirlande de roses et de rubans.

Le quai de la *Mégisserie* ou de la *Ferraille*, célèbre au XVIIIe siècle, inspira et les peintres et les poètes : *Florian*, dans sa fable intitulée : *l'Habit d'Arlequin*, livre IV, fable IV, commence par ces deux vers :

Vous connaissez ce quai nommé de la Ferraille,
Où l'on vend des oiseaux, des hommes et des fleurs.

. . . .

Haut., 22 cent.; larg., 36 cent.

SAINT-AUBIN
(G. DE)

246 — *La Promenade.*

Dans un jardin, plusieurs groupes de jeunes seigneurs et dames se promènent ; de la gauche arrive

Mme la comtesse *Du Barry*, avec coiffure poudrée et grande robe à paniers, accompagnée de son nègre Zamore. Deux jeunes femmes assises à droite la regardent d'un air narquois.

Très beau dessin au crayon noir.

Haut., 25 cent.; larg., 11 cent.

SAINT-AUBIN

(G. DE)

247 — *Vue de la place Louis XV.*

A gauche, la statue du roi entourée d'échafaudages et figures allégoriques, parmi lesquelles une figure de femme personnifiant la France ; au-dessous, du même côté, on lit : *La France va au-devant de la paix en 1763.*

Vue de l'entrée du jardin des Tuileries.

Vue prise en entrant par la place Louis XV ; sur le premier plan, un jeune homme et une jeune femme assis sur des chaises ; de l'autre côté de l'allée, un groupe sur un piédestal ; au-dessous de ce groupe de statues, on lit plusieurs notes de la main de Saint-Aubin, ayant rapport à une vente de tableaux, à laquelle il avait assisté.

Ces deux charmants dessins, faisant pendants, sont exécutés à la plume, au crayon noir et aquarelle.

Haut., 10 cent.; larg., 18 cent.

SAINT-AUBIN

(G. DE)

248 — *Incendie de la foire Saint-Germain.*

Au milieu, l'église qui s'écroule, et au premier plan, une quantité de personnages qui travaillent à l'extinction de l'incendie.

Magnifique dessin à l'aquarelle.

Haut., 18 cent.; larg., 24 cent.

SAINT-AUBIN

(G. DE)

249 — *Vente d'Estampes.*

A droite, l'officier ministériel entouré de plusieurs personnes, dont un jeune homme montrant un dessin à un amateur qui est à gauche, dans la partie de la salle réservée au public.

Au crayon noir et lavis d'encre de Chine et de bistre.

Haut., 15 cent.; larg., 12 cent.

SAINT-AUBIN

(G. DE)

250 — *Le Jardinier et son Seigneur.*

Vignette frontispice pour l'opéra-comique de Sedaine : *le Jardinier et son seigneur*. Dans le vestibule d'une ferme, à droite, de profil à gauche, le seigneur entre deux femmes, dont l'une coiffée d'un tricorne lui pose la main sur l'épaule. Il tend la main vers le bailli, coiffé d'une immense perruque, qui, le haut du corps penché en avant, montre sa tête de son index.

Charmant dessin au crayon noir et mine de plomb, rehaussé de blanc. A été gravé par Aug. de Saint-Aubin. Cadre en bois sculpté.

Haut., 12 cent.; larg., 8 cent.

SAINT-AUBIN

(G. DE)

251 — *Portrait de Vaucanson.*

Représenté à mi-corps, vu de trois quarts et regardant de face; dans le fond est représenté un de ses chefs-d'œuvre de mécanique.

Superbe dessin à la gouache, dans un cadre en cuivre.

Haut., 23 cent.; larg., 15 cent.

SAINT-AUBIN

(G. DE)

252 — *Portrait de femme.*

Elle est représentée vue de profil, à mi-corps, assise

sur une chaise et écrivant une lettre qui est posée sur ses genoux.

Peinture sur papier.

Haut., 22 cent.; larg., 15 cent.

SAINT-AUBIN
(G. DE)

253 — *Scène de la vie de Tarquin.*

Dessin capital au crayon noir et aquarelle; au bas, cette inscription : *Tarquin le Superbe*, 7e *Roy*.

Haut., 20 cent.; larg., 15 cent.

SAINT-AUBIN
(G. DE)

254 — *Vue intérieure d'un théâtre.*

Vers la gauche, on aperçoit quelques personnages dans les loges.

Au crayon noir et lavis d'encre de Chine.

Haut., 21 cent.; larg., 17 cent.

SAINT-AUBIN
(G. DE)

255 — *La Promenade.*

Trois jeunes femmes se promenant sur une place

publique; deux tiennent chacune une canne à la main.

Au crayon noir.

Haut., 17 cent.; larg., 22 cent.

SAINT-AUBIN

(G. DE)

(?)

256 — *Vues de Paris.*

Deux dessins faisant pendants. L'un représente la vue des Célestins, l'autre la vue de l'Isle Louviers et l'extrémité de l'Isle Saint-Louis.

Aux trois crayons.

Haut., 17 cent.; larg., 23 cent.

SAINT-AUBIN

(G. DE)

(?)

257 — *Une Représentation à l'Opéra sous Louis XV.*

A la plume et lavis d'indigo.

SAINT-AUBIN

(AUG. DE)

258 — *La Promenade des remparts de Paris.*

On aperçoit sur une sorte de boulevard une foule

nombreuse de personnages de toutes sortes. A gauche, au fond, est un café dont le fronton est décoré de lanternes chinoises. Devant ce café, en plein air, des consommateurs assis à de petites tables. A gauche, sur le premier plan, une femme joue de la vielle devant une de ces tables. Au milieu de la composition, un homme coiffé d'un tricorne donne le bras à deux femmes, dont l'une s'évente avec son éventail. Tout à fait à droite, et se dirigeant de ce côté, un marchand de coco. Au fond, des files de voitures.

Ce magnifique dessin, exécuté à la plume et lavis de bistre, rehaussé de blanc, a été gravé par P. F. Courtois en 1760. Il est dans un superbe cadre en bois sculpté, dont le haut est orné d'une guirlande de roses et de rubans.

Haut., 23 cent.; larg., 37 cent.

SAINT-AUBIN

(AUG. DE)

259 — *Portrait de Félix Vicq d'Azir, médecin.*

Représenté en buste de profil à gauche, ses cheveux noués derrière la tête par un large nœud de rubans, médaillon fixé en haut, au milieu, par un anneau. Ce personnage occupa à l'Académie française le fauteuil de Buffon, et y fut reçu par Condorcet qui, dit-on, fit également son discours de réception.

Charmant dessin aux trois crayons, la figure légèrement lavée d'aquarelle; au bas : *Aug. St Aubin ad vivum delin. Ann. 1793.*

Haut., 18 cent.; larg., 13 cent.

SAINT-AUBIN

(AUG. DE)

260 — *Trophées composés d'attributs des arts.*

Deux dessins faisant pendants, exécutés au crayon noir, rehaussés de blanc, sur papier bleu, signés.

Haut., 61 cent.; larg., 48 cent.

SAINT-AUBIN

(AUG. DE)

(?)

261 — *Chalet dans un parc, au bord d'une rivière.*

Au crayon noir.

Haut., 21 cent.; larg., 30 cent.

SAINT-AUBIN

(GERMAIN DE)

262 — *Intérieur de son atelier.*

Dans le fond à gauche, l'artiste est représenté dessinant, vers la droite au premier plan, un homme assis sur une chaise. Signé au milieu à droite : *Germain f. 1774.*

Charmant dessin à la plume et lavis de bistre et d'encre de Chine, rehaussé de blanc, de forme ronde.

Haut., 14 cent.

SCHENAU

(E.)

263 — *La Toilette.*

Dans un cabinet de toilette, une jeune femme debout s'habille, aidée de sa camériste; à gauche, un jeune seigneur lui déclare sa flamme.

Très beau dessin au lavis d'encre de Chine et aquarelle. Signé.

Haut., 33 cent.; larg., 25 cent.

SCHENAU

(E.)

264 — *Portrait de Mlle Guyard.*

A la sanguine.

Haut., 31 cent.; larg , 28 cent.

SCHENAU

(E.)

265 — *Étude.*

Une vieille femme en buste, regardant en bas, la tête recouverte d'un long voile lui tombant sur les épaules.

Aux trois crayons.

Haut., 32 cent.; larg., 25 cent.

SILVESTRE

(ISRAEL)

266 — *Vue et perspective de la place de Saint-Marc de Venise.*

Très beau dessin à la plume et lavis d'encre de Chine. A été gravé à l'eau-forte par le maître. Cadre en bois sculpté.

Haut., 13 cent.; larg., 25 cent

SPAENDONCK

(C. VAN)

267 — *Bouquet de fleurs dans un vase posé sur*

une table recouverte d'un tapis sur lequel sont posés différents fruits.

Bouquet de fleurs dans un vase posé sur une table où sont aussi un nid d'oiseau et différents fruits.

Deux très belles aquarelles faisant pendants. Cadres en bois sculpté.

Haut., 53 cent.; larg., 36 cent.

SUBLEYRAS

(P.)

268 — *Saint Louis lavant les pieds aux pauvres.*

Première pensée du tableau qui est dans la chapelle de l'École militaire.

Esquisse sur papier.

Haut., 23 cent.; larg., 16 cent.

SWEBACH-DESFONTAINES

269 — *Siège et prise de la ville de Lyon, le 9 octobre 1793.*

Beau dessin à la plume et lavis d'encre de Chine. A été gravé par Berthault, pour les Tableaux de la Révolution.

Haut., 19 cent ; larg., 24 cent.

SWEBACH-DESFONTAINES

270 — *Revue.*

Grande revue passée dans la cour du Carrousel. Dans le fond, la vue du château des Tuileries, nombreux personnages aux fenêtres regardant le défilé. Le pavillon du milieu du château est surmonté du dôme avec galerie autour qui n'exista que de 1799 à 1805.

Magnifique dessin au lavis d'encre de Chine. A été gravé à l'eau-forte par Duplessis-Bertaux.

Haut., 43 cent.; larg., 64 cent.

SWEBACH-DESFONTAINES

271 — *Foire de campagne.*

Au milieu, dans le fond, un charlatan sur ses tréteaux harangue la foule qui l'entoure; sur le premier plan, des paysans arrivent en conduisant leur bétail; vers la droite, un homme semble faire une déclaration d'amour à une jeune femme qui vient de descendre de cheval.

Magnifique dessin à la plume et lavis d'encre de Chine.

Haut., 36 cent.; larg., 50 cent.

TIEPOLO

(J. B.)

272 — *Le Christ descendu de la croix.*

Superbe dessin à la plume et lavis de bistre.

Haut., 40 cent.; larg., 29 cent.

TIEPOLO

(J. B.)

273 — *L'Abreuvoir.*

Un troupeau de moutons et bœufs boivent au bord d'une rivière. A gauche, un cavalier s'apprête à faire franchir la rivière à son cheval.

Beau dessin au lavis de bistre, signé au bas de la gauche.

Haut., 23 cent.; larg., 41 cent.

TIEPOLO

(J. B.)

274 — *Un Noble vénitien.*

Représenté en buste, de profil à droite.

Gouache sur carton, dans un cadre en bois sculpté.

Haut., 15 cent.; larg., 12 cent.

TIEPOLO

(J. B.)

275 — *Polichinelles.*

Cinq polichinelles occupés autour d'un chaudron sur le feu pour préparer la polenta, mets favori des Italiens.

A la plume et lavis de bistre. A été gravé par Schmidt, de Berlin.

Haut., 20 cent.; larg., 23 cent.

TIEPOLO

(J. B.)

276 — *Études.*

Sujets religieux, sujets mythologiques et costumes de guerriers. Un vol. petit in-fol. renfermant 46 feuilles, avec compositions au recto et au verso.

Recueil très précieux de dessins exécutés à la plume et lavis de bistre.

TINTORET

(J. ROBUSTI, dit le)

277 — *Suzanne surprise au bain par les deux vieillards.*

Au crayon noir et lavis de bistre, rehaussé de blanc.

Haut., 36 cent.; larg., 47 cent.

TORO

(J. B.)

278 — *Projet pour une fontaine.*

Au milieu est représenté le triomphe de Neptune, avec vases et drapeaux de chaque côté; en bas, des tritons et chevaux marins. Le couronnement est orné d'un cartouche de dauphins et d'amours.

Superbe dessin au lavis d'encre de Chine.

Haut., 47 cent.; larg., 33 cent.

TORO

(J. B.)

(?)

279 — *Un Vase orné de figures de faunes et mascarons.*

A la plume et lavis d'encre de Chine.

Haut., 22 cent.; larg., 17 cent.

TOUZÉ

(J.)

280 — *La Présidente Tourvel.*

Composition tirée des *Liaisons dangereuses*. Dans

un lit, une jeune femme couchée remet, avec un geste d'effroi, une lettre à une soubrette debout. Dans le fond, une religieuse semble attendre une réponse. Au premier plan, à droite, une femme assise dans un fauteuil.

Très beau dessin à la gouache, de forme ovale. A été gravé par R. Girard. Fait suite aux trois pièces de Lavreince, tirées du même roman.

Haut., 33 cent.; larg., 27 cent.

TREMOLIÈRES

(P. CH.)

281 — *Vénus.*

Vénus debout sur un piédestal, le pied sur un dauphin, est soutenue par une de ses nymphes.

Beau dessin aux crayons noir et blanc.

Haut., 27 cent.; larg., 15 cent.

TRINQUESSE

(L. R.)

282 — *Portrait de L. R. Trinquesse.*

En buste de profil à droite, les cheveux attachés derrière la tête avec un nœud de rubans.

A la sanguine, signé : *L. R. Trinquesse f. 173*, de forme ronde.

Haut., 13 cent.

TRINQUESSE

(J.)

283 — *Portrait de Marianne Fravières.*

Représentée en pied, assise sur une chaise, tournée à gauche, la figure vue de trois quarts, haute coiffure. A gauche, vers le haut on lit : *Dessiné à Paris ce 30 août 1778 par Trinquesse. Marianne fravières.*

Haut., 35 cent.: larg., 25 cent.

TRINQUESSE

(J.)

284 — *Portrait de femme.*

Jeune femme en pied, assise, le bras droit appuyé sur une table, la tête penchée, le pied gauche relevé sur un tabouret. En bas, on lit : *à Paris ce 25 juin 178.*

A la sanguine.

Haut., 35 cent.; larg., 22 cent.

TRINQUESSE

(J.)

285 — *Portrait.*

Jeune femme assise, le pied gauche relevé sur un escabeau, la tête penchée soutenue par sa main droite, les épaules couvertes d'un fichu blanc (on dit le portrait de la maîtresse du prince Henri de Prusse).

Beau dessin aux crayons noir et blanc.

Haut., 47 cent.; larg., 34 cent.

TRINQUESSE

(J.)

286 — *La Réflexion.*

Jeune femme debout, vue par derrière, la tête de profil, en costume élégant avec plissés et robe relevée, haute coiffure surmontée d'un bonnet.

A la sanguine, cadre en bois.

Haut., 33 cent.; larg., 21 cent.

TRINQUESSE

(J.)

287 — *Le Sommeil.*

Une jeune femme habillée, est représentée couchée sur un canapé et dormant.

Au crayon noir et mine de plomb.

Haut., 29 cent.; larg., 29 cent.

TRINQUESSE

(J.)

288 — *Portrait d'une jeune fille.*

Elle est représentée en buste, vue de face, les épaules recouvertes d'un fichu.

A la sanguine, dans un cadre en bois sculpté.

Haut., 19 cent.; larg., 13 cent.

TRINQUESSE

(J.)

289 — *Joueuse de mandoline.*

Jeune femme assise, vue de face et jouant de la mandoline.

Beau dessin à la sanguine.

Haut., 36 cent.; larg., 25 cent.

TRINQUESSE

(J.)

290 — *Jeune fille assise sur une chaise, sur la tête un chapeau à larges bords.*

Sanguine, dans un cadre en bois sculpté.

Haut., 31 cent.; larg., 21 cent.

TRINQUESSE

(J.)

291 — *Jeune femme en grande toilette, assise sur une chaise.*

A la sanguine. Au bas à gauche, on lit : *Trinquesse fecit le 12 juillet 1772.*

Haut., 37 cent.; larg., 28 cent.

VAGA

(PERINO DEL)

292 — *Ornementation avec figures d'enfants et d'amours, pour un plafond.*

A la plume et lavis de bistre.

VAN LOO

(C.)

293 — *Enfant debout, vu de dos.*

A la sanguine, rehaussé de blanc.

Haut., 27 cent.; larg., 19 cent.

VERNET

(C.)

294 — *Promenade de Longchamps.*

Dans le fond, on aperçoit les cavaliers et carrosses qui défilent; le premier plan est occupé par les élégants et élégantes de l'époque, les uns assis et les autres debout; plusieurs s'entretiennent de propos galants.

Superbe dessin à la plume et lavis de bistre. A été gravé.

Haut., 28 cent.; larg., 55 cent.

VERNET

(C.)

295 — *L'Amour à la française et à l'anglaise.*

A gauche, un homme à genoux déclare son amour à une jeune fille dont il tient la main. A droite, un gros Anglais, assis, reçoit les caresses d'une jeune femme debout à son côté.

A la plume.

Haut., 19 cent.; larg., 32 cent.

VERNET

(H.)

296 — *Costumes français de 1805 à 1810.*

Costume français de 1811 à 1814.

Deux dessins contenant chacun douze costumes, hommes et femmes, sur une même feuille.

Au crayon noir et mine de plomb. Ont été gravés.

Haut., 21 cent.; larg., 14 cent.

VÉRONÈSE

(P.)

297 — *Une Dame vénitienne à genoux sur son prie-Dieu.*

Au lavis de bistre, rehaussé de blanc.

Haut., 20 cent.; larg., 20 cent.

VINCENT

(F. A.)

298 — *Jeune Femme assise.*

La tête coiffée d'un chapeau à larges bords, avec la cocarde nationale, les épaules couvertes d'un fichu blanc, elle est représentée assise sur une chaise, le bras gauche appuyé sur une table et tenant un livre de la main droite.

Beau dessin au crayon noir, rehaussé de blanc.

Haut., 51 cent.; larg., 37 cent.

VINCENT

(F. A.)

299 — *Portrait.*

Un jeune homme en buste, avec chemise à jabot entr'ouverte et col rabattu, la tête couverte d'un chapeau à larges bords et cheveux hérissés.

Beau dessin à la sanguine.

Haut., 56 cent.; larg., 39 cent.

VINCENT

(F. A.)

300 — *L'Attention.*

Une jeune femme debout dans un intérieur, appuyée contre le mur, la main droite posée sur une table, semble regarder attentivement dans le lointain.

Aux trois crayons, cadre en bois sculpté.

Haut., 43 cent.; larg., 28 cent.

WALLAYER-COSTER

(Mme)

301 — *Portrait de l'artiste.*

Elle est en buste, de profil à droite, les cheveux

relevés, retenus par un ruban, les épaules couvertes d'un fichu blanc. De forme ronde.

Très beau dessin aux trois crayons.

Haut., 22 cent.

WATTEAU

(L.)

(De Lille.)

302 — *Modes parisiennes.*

Deux dessins, bustes de jeunes femmes coiffées de grands chapeaux, avec plumes et rubans, dans des médaillons entourés de guirlandes formées avec des chapeaux, des étoffes et des branches de roses et de lis.

Au crayon noir et mine de plomb. Ont été gravés.

Haut., 25 cent.; larg., 18 cent.

WATTEAU

(L.)

(De Lille.)

303 — *Costume.*

Jeune femme assise, en élégant costume, coiffée du chapeau à larges bords, garni de plumes et de rubans.

Au crayon noir.

Haut., 30 cent.; larg., 23 cent.

WATTEAU

(ANT.)

304 — *Le Pèlerin.*

La Pèlerine.

Deux dessins faisant pendants, les deux personnages sont l'un et l'autre représentés en buste, tenant un bâton sur l'épaule gauche, au cou un large nœud de rubans, la tête couverte d'un chapeau à trois cornes.

Très beaux dessins aux trois crayons.

Haut., 23 cent.; larg., 18 cent.

WATTEAU

(ANT.)

305 — *L'Indifférent.*

Un jeune seigneur en costume Louis XV, debout, vu de face, dansant; en bas, une étude pour la main droite.

A la sanguine, rehaussé de blanc, cadre en bois sculpté.

Haut., 30 cent.; larg., 19 cent.

WATTEAU

(ANT.)

(?)

306 — *Les Singes de Mars.*

Arabesque en hauteur faite probablement pour une tapisserie.

A la plume, sur papier calque.

Haut., 42 cent.; larg., 33 cent.

WILLE

(J. G.)

307 — *Portrait de Abel François Poisson de Vandières, marquis de Marigny, directeur général des bâtiments.*

Il est debout et tourné vers la gauche. Sa main droite déroule des plans posés devant lui, sur une table. Dans le fond, un rideau retombe en plis larges et savamment éclairés.

Ce très beau dessin est exécuté à la sanguine, d'après le tableau de Tocqué pour la gravure par J. G. Wille en 1761. Il est dans un très beau cadre en bois sculpté, surmonté des armes du personnage avec la couronne de marquis et la croix du Saint-Esprit.

Haut., 43 cent.; larg., 33 cent.

WILLE

(J. G.)

308 — *Paysage.*

Au milieu une chaumière dont une paysanne tient la porte ouverte en y faisant rentrer son enfant, en haut on lit : *Bosquet pour M. de Livri le jour de sa fête, 23 février 1764, dessiné et présenté par son très humble serviteur Wille.*

Au crayon et lavis de bistre.

Haut., 19 cent.; larg., 29 cent.

WITT

(DE)

309 — *Tête de jeune fille.*

Vue de face, les cheveux tombant sur les épaules nues.

Aux trois crayons.

Haut., 24 cent.; larg., 13 cent.

SAINT-NON

310 — *Réunion de dessins par divers artistes ayant servi pour le Voyage pittoresque ou description du royaume de Naples*

et de Sicile et pour le recueil de Griffonis, de vues, paysages, fragments antiques et sujets historiques, dont suit le détail sommaire.

1. Centaures. — Danseuses, d'après les peintures antiques d'Herculanum.

Cinq dessins au lavis d'encre de Chine.

2. Triomphe de Bacchus. — Dessins du plafond de la villa Pamphile et du palais Massimi.

Neuf dessins à la plume et lavis de bistre.

3. Satyre retenu dans un filet par des nymphes. — Arabesques et ornementations pour plafond.

Quatre dessins à la plume et crayon noir.

4. Rosaces. — Buste de femme dans un médaillon, couronné par deux renommées.

Trois dessins au crayon noir, sanguine et lavis d'encre de Chine.

5. Vases et frises, d'après l'antique. — Ornementation avec cariatide au milieu.

— Moitié d'ornementation d'un plafond de forme ronde, — Frise calquée sur un dessin du Poussin, d'après l'antique.

Cinq dessins au lavis d'encre de Chine et d'aquarelle.

6. Frises d'ornements.

Quatre dessins au lavis de bistre.

7. Trépieds. — Brûle-parfums. — Flambeaux, d'après l'antique. — Décorations du palais Massimi.

Onze dessins à la plume et lavis de bistre.

8. Vases. — Armures. — Arabesques et croquis, d'après l'antique.

Quatorze dessins à la plume et lavis de bistre.

9. Vases. — Arabesque formée de deux cornes d'abondance. — Motif d'ornement, etc.

Cinq dessins à la plume et lavis d'encre de Chine et d'aquarelle.

10. Vases. — Coffrets. — Trépieds. — Char romain. — Ornementations pour plafonds.

Douze dessins au crayon noir, et lavis d'encre de Chine et de bistre.

11. Vases. — Flambeaux. — Trépieds et figures, d'après l'antique.

Neuf dessins à la plume et lavis d'encre de Chine et de bistre.

DESSINS EN LOTS

311 — Frises d'amours par *De la Rue*, et vignettes par *Monnet* pour illustrer un livre du XVIIe siècle.

Quatorze dessins à la plume et lavis d'encre de Chine et de bistre.

312 — Attaque d'un chasseur, — le Christ en croix, — enfants jouant de la musique.

Neuf dessins à la plume et lavis d'encre de Chine et de bistre.

313 — Vues d'Italie, par *Nicolle*.

Quatre dessins à la plume et lavis de bistre.

314 — Bal champêtre, — Combat de cavaliers, — les Vendanges.

Trois dessins au crayon noir et encre de Chine.

315 — Cartouche avec sujet mythologique au milieu, — l'Age d'or, — L'Age de fer, — l'Age d'argent et l'Age d'airain, — Frises d'amours.

Onze dessins par S. Leclerc et De la Rue, au crayon noir et lavis de bistre.

316 — Vases, par *Percenet*, — Pastorales en forme de frises, etc.

Neuf dessins au lavis d'encre de Chine et de bistre.

317 — Vue d'Italie, par *Nicolle*, — Paysage, par *Guaspre Poussin*, — Frise d'ornement.

Trois dessins au lavis de bistre et d'encre de Chine.

318 — Paysage par *Le Guaspre*, — Frises d'amours et pastorales.

Neuf dessins au crayon noir et lavis d'encre de Chine et d'aquarelle.

319 — Motif d'ornementation, par *Perino del Vaga*, — Frises d'enfants par *De la Rue*, etc.

Neuf dessins au lavis de bistre et crayon noir.

320 — Motif d'ornement pour panneau, avec cariatide : la Force et la Justice.

Beau dessin à la plume et lavis de bistre.

321 — Motif d'ornement pour plafond, par *Vasari*, — Frises d'amours.

Trois dessins à la plume avec lavis de bistre et au crayon.

322 — Le Marché aux fruits, dessin par *De la Rue*, en forme de frise, — Statues et cariatides sur une même feuille.

Deux dessins à la plume et lavis d'encre de Chine et de bistre.

323 — Bords de la mer avec rochers.

A l'encre de Chine, rehaussé de blanc.

324 — La Cène, — Entrée de Jésus dans Jérusalem.

Deux dessins à la plume et lavis d'encre de Chine et de bistre.

325 — Paysage avec fabriques et figures sur le devant.

A la plume et lavis d'encre de Chine.

326 — Motif d'ornementation pour plafond.

A la plume et lavis d'encre de Chine et de bistre.

327 — Intérieur d'une église, par *Panini.*

A la plume et lavis d'encre de Chine.

328 — Les Enfants vendangeurs, frise, — le Triomphe de l'amour.

Deux dessins à la plume et lavis de bistre.

329 — Paysages d'Italie avec ruines, par *Hubert-Robert.*

Deux dessins à l'aquarelle.

330 — Les Chantres au lutrin, — Groupe d'hommes et de femmes, par *Breugel.*

Deux dessins à la plume.

331 — Portiques, — Fontaines et monuments, dessinés à Florence en 1763.

Deux dessins à la plume et lavis de bistre.

332 — Jésus au Jardin des Oliviers, — Ornementation pour dessus de porte, — Groupes d'amours.

Quatre dessins à la plume et lavis de bistre.

333 — Une Sibylle, par *Jules Romain*, — Un Saint et une Sainte à genoux.

Deux dessins au crayon noir, à la plume et lavis de bistre.

334 — Paysages, — la Toilette, — Deux femmes en bustes, costumes Louis XV, l'une étudie de la musique, l'autre joue du tambour de basque, — Motif d'ornementation, six dessins par *Hackert*, *B. Picart*, etc.

A la plume et lavis d'encre de Chine et de bistre.

335 — Motif d'ornementation pour plafond.

A la plume et lavis de bistre.

336 — Motif d'ornementation avec cartouche au milieu, école italienne.

A la plume et lavis de bistre.

337 — Motif d'ornementation, de l'école italienne, le sujet du milieu représente la création d'Ève.

A la plume et lavis de bistre.

338 — Jeune fille assise, par *Lepicié*, — Seigneur et dame vénitienne.

Deux dessins à la plume et crayon noir.

339 — Entrée d'un palais, — Ruines au bord d'une rivière, par *Fragonard*.

Deux dessins à la sanguine et aquarelle.

340 — Fleuron pour une oraison funèbre, — le Triomphe de Vénus, — Apollon et les Muses, — Jeune femme assise, etc. — Six dessins par *Cochin, Picart, Watteau* et autres.

Au crayon noir, sanguine et lavis de bistre.

341 — Martyre d'une sainte, — Scène de la Saint-Barthélemy, — Saint François en extase, — Paysage, etc., — Huit dessins italiens et français.

A la plume et lavis d'encre de Chine et de bistre.

342 — Composition pour un titre de livre sur l'Orient, — Offrande à l'Amour, — Berger gardant son troupeau, — Paysage, etc., — Sept dessins de l'École française du XVIIIe siècle.

A la plume, sanguine et lavis d'encre de Chine et de bistre.

343 — Vases, — Motifs d'ornementation par des artistes italiens, allemands et français.

Treize dessins à la sanguine et au lavis d'encre de Chine et de bistre.

344 — Adam et Ève, — la Présentation au temple, — Jésus au Jardin des Oliviers, — les Vendanges, — Paysages et motifs d'ornementation.

Seize dessins italiens, français et hollandais. A la plume et lavis d'encre de Chine et de bistre.

345 — Un Album, renfermant 41 dessins, par *H. Robert*, *Portail*, *De la Rue, Babel, Rembrandt, Fragonard*, — et Dessins de décoration du XVIIIe siècle.

346 — Un Album, renfermant 66 dessins, par *M. de Vos*, *De la Rue, Van Goyen, Pillement, Van Dyck, B. Picart, Stoop, Tiepolo*, *Delafosse*, *X. Leprince*, *Palma*, etc.

347 — Un Album, renfermant 49 dessins, par *Della Bella, Stradan*, *Desrais, Israel Silvestre*, *B. Picart, Rembrandt, De*

la Rue, Sébastien Le Clerc, motifs de décoration et d'ameublement du XVIIIe siècle.

348 — Un Album, renfermant 66 dessins, italiens et français, motifs d'architecture et décoration, vases, plafonds, sujets religieux et de genre. Les dessins d'ornementation sont des XVIe, XVIIe et XVIIIe siècles et d'une très belle exécution.

349 — Sujets allégoriques et études de têtes, compositions en forme de frises attribuées à Prud'hon.

Cinq dessins.

350 — Les Trois Grâces, — Études d'amours, d'après les peintures de Raphaël, — le Temps faisant danser les Saisons, d'après *Raphael Mengs*, etc.

Quatre dessins à la sanguine.

351 — Tête de jeune fille, — Vénus debout, — Amours, — Études diverses.

Douze dessins à la sanguine et crayon noir de l'École française du XVIIIe siècle.

352 — La Vierge entourée de Saints, — Pastorales, Portraits, etc., 30 dessins par divers artistes.

353 — Portraits d'acteurs et d'actrices : Molé, Mlle Olivier, Mme Vestris, Bertinazzi, Mlle Contat et Mlle Colombe, représentés dans un grand nombre de rôles.

Cent quatre-vingt-six dessins, sont en grande partie exécutés à l'aquarelle.

354 — Cinquante dessins variés, pour l'industrie, papiers peints et décorations d'étoffes.

www.ingramcontent.com/pod-product-compliance
Ingram Content Group UK Ltd.
Pitfield, Milton Keynes, MK11 3LW, UK
UKHW021824190726
13853UKWH00003B/1183